本书获得国家自然科学基金（项目批准号71763008）资助

博士生导师学术文库

A Library of Academics by
Ph.D.Supervisors

制造业集群供应链
网络协同机理与模式研究

胡宇辰　吴　群　著

光明日报出版社

图书在版编目（CIP）数据

制造业集群供应链网络协同机理与模式研究 ／ 胡宇
辰，吴群著 ． --北京：光明日报出版社，2021.6
ISBN 978－7－5194－6104－1

Ⅰ.①制… Ⅱ.①胡… ②吴… Ⅲ.①制造工业—供
应链管理—研究 Ⅳ.①F407.405

中国版本图书馆 CIP 数据核字（2021）第 086245 号

制造业集群供应链网络协同机理与模式研究
ZHIZAOYE JIQUN GONGYINGLIAN WANGLUO XIETONG JILI YU MOSHI YANJIU

著　者：胡宇辰　吴　群			
责任编辑：李壬杰		责任校对：张　幽	
封面设计：一站出版网		责任印制：曹　净	

出版发行：光明日报出版社

地　　址：北京市西城区永安路 106 号，100050

电　　话：010-63169890（咨询），010-63131930（邮购）

传　　真：010－63131930

网　　址：http://book.gmw.cn

E－mail：lirenjie@ gmw.cn

法律顾问：北京德恒律师事务所龚柳方律师

印　　刷：三河市华东印刷有限公司

装　　订：三河市华东印刷有限公司

本书如有破损、缺页、装订错误，请与本社联系调换，电话：010-63131930

开　　本：170mm×240mm

字　　数：161 千字　　　　　　　印　　张：13

版　　次：2021 年 6 月第 1 版　　　印　　次：2021 年 6 月第 1 次印刷

书　　号：ISBN 978－7－5194－6104－1

定　　价：85.00 元

摘　要

　　制造业集群作为区域经济的特色组织形式对社会经济的重要性不言而喻。制造业集群的稳定发展离不开其供应链网络的协同有序运作。本研究依据供应链网络协同及产业集群理论，从产品供应链、服务供应链与知识供应链三个维度解构了制造业集群供应链网络构成主体及其联结模式，实证分析了影响制造业集群供应链网络协同效应产生的因素，并从集群供应链网络的竞合协同和互动协同两个层面分析了制造业集群供应链网络协同运作机理，进而分析了制造业集群供应链网络协同运作模式，提出了制造业集群供应链网络协同运作的资源协同策略、流程协同策略、技术协同策略、物流协同策略、信息协同策略、创新协同策略，并以江西陶瓷制造业集群为例进行了验证分析，研究成果对制造业集群持续健康发展提供了新的解决方法和思路。

目　录
CONTENTS

第一章

绪　论

第一节　研究背景与意义

产业集群作为一种区域经济组织形式，已成为推动区域乃至国家经济发展的重要经济模式，对提高区域经济竞争力起着重要作用。经济全球化进程的加速使得世界经济的竞争形态已由企业与企业之间的竞争转化为供应链与供应链之间的竞争。为了适应激烈的竞争及增强自身的生存力和竞争力，企业已不再以一个势单力薄的单一个体与外界抗衡，更多企业选择了与其上下游企业进行合作，通过结成供应链的形式来实现各企业之间的优势互补。产业集群和供应链作为当前世界经济中颇具特色的空间经济组织形式，正成为诸多地方经济实体和企业生存发展的关键。集群内企业通过广泛的互动合作与交流，降低交易成本，发挥规模经济和范围经济的效应，同时还产生强大的知识溢出效应，带动某一地区乃至整个国家经济的发展。在全球价值链中，不同的国家、地区和企业根据各自的资源禀赋、生产、技术、市场等特点，都在寻找自己的切入点，确立自己的战略位置并将自己镶嵌于合作网络关系中，由此在世界及全国范围内产生了供应链与集群共同发展的局面。

随着我国产业结构不断调整与升级发展，产业集群作为区域经济的特色组织形式，发挥了显著的集聚效应并为推动社会经济发展起到了重要作用。产业集群本质上是各个企业主体所在的供应链的集合，集群的壮大和供应链的发展是密切相关的。近年来，产业集群的发展中普遍出现了同质化竞争、低端模仿、形聚而神散的不良现象，这归根结底是因为集群供应链网络主体间缺乏有效的协同。集群供应链作为一类新型网络组织形式，是依托于产业集群又突破产业集群地域限制的供应链网络的集合体。本研究将以制造业产业集群为关注对象，研究其供应链网络协同演化机理与协同模式，这将有利于制造业集群企业加强良性互动和紧密协作，有利于社会资源的集约利用，有利于产业集群的可持续发展。

（1）本研究将丰富和完善制造业集群研究的理论体系。

从供应链网络协同演化的角度分析制造业集群供应链网络结构，并分析制造业集群供应链网络协同演化机理，扩展了制造业集群的研究范畴，对制造业集群良性运作提供了一定的理论依据，具有一定的理论参考价值。

（2）本研究将为制造业集群供应链网络协同提供新的解决思路和方法。

制造业集群供应链网络协同模式与策略的提出将为制造业集群供应链网络协同研究提供新的视角，对帮助制造业集群企业增强协同合作具有一定的现实指导意义。

第二节 研究目标

本研究在充分吸收前人研究成果及经验的基础上，借助网络协同理论及结构模型理论探索制造业集群供应链网络协同运作机理及模式，期望达到的目标如下。

1. 理论目标

一是解析制造业集群供应链网络结构及其协同效应。主要从产品供应链、服务供应链与知识供应链三个维度对制造业集群供应链复杂网络及其集群协同效应进行解析。

二是分析制造业集群供应链网络协同运作机理。主要从资源共享、生产与市场协作、技术交流、服务支持、协同创新等方面具体分析制造业集群供应链主体网络与辅助网络间的协同运作机理。

三是提出制造业集群供应链网络协同运作模式。主要包括：集群供应链网络企业生产协同的有序竞合模式、集群供应链网络企业市场协同的交互营销模式、集群供应链网络企业资源协同的联盟共享模式、集群供应链网络企业知识协同的创新嵌入模式、集群供应链网络机构服务协同的依托互利模式等。

2. 实践目标

围绕企业、政府、中介机构、金融机构、科研院所等行为主体在产品供应链网、服务供应链网和知识供应链网等层面的协同一体化运作提出资源协同策略、流程协同策略、技术协同策略、物流协同策略、信息协同策略、创新协同策略，为制造业集群持续健康发展提供参考。

第三节　研究内容与思路

一、研究内容

本研究主要内容分为六部分：第一部分解析制造业集群供应链网络构成主体、联结模式及其网络结构；第二部分剖析制造业集群供应链网络协同效应；第三部分阐释制造业集群供应链网络协同运作机理；第四部分分析制造业集群供应链网络协同运作模式；第五部分总结制造业集群供应链网络协同运作策略；第六部分对制造业集群供应链网络协同进行实例分析。前四部分研究内容侧重理论层面，第五部分和第六部分是对理论部分的验证和运用。

（一）制造业集群供应链网络构成主体、联结模式及其网络结构

制造业集群供应链网络是比单个企业供应链网络更复杂的动态网络系统，涉及多个核心制造企业、多级供应商、多级客户及若干辅助服务机构间错综交织的关联。本部分利用主体分析法明确其供应链网络的构成主体，具体包括集群入驻企业、供应商、分包商、销售代理商、政府、中介组织、科研院所、金融机构等，并进一步以核心企业及核心企业联盟为对象分析其供应链网络主要联结模式。在前一部分制造业集群供应链网络构成主体及联结模式分析基础上利用结构模型法对制造业集群供应链网络进行具体分析，在识别构成集群供应链网络的各关键要素基础上，根据其相关性建立集产品供应链、服务供应链与知识供应链三个维度的制造业集群供应链网络结构模型。

（二）制造业集群供应链网络协同效应

本部分探讨供应链网络协同的关键维度是什么，供应链网络协同会产生哪些协同优势，供应链上合作企业的邻近性、协同能力和协同资源投入是否能够调节供应链协同和协同优势之间的关系。本部分对供应链网络协同及其对协同优势的影响进行实证分析，旨在从信息共享、目标一致和决策同步等维度解析制造业集群供应链网络协同效应。

（三）制造业集群供应链网络协同运作机理

本部分借助网络协同理论提出制造业集群运作实际是内外企业构成的围绕产品生产供应的产品供应链主体网络与内外机构构成的为集群企业提供政策、技术支持、资金、信息等的服务供应链与知识供应链辅助网络的互动协同过程，并进一步利用调查分析法从资源共享、生产与市场协作、技术交流、服务支持、协同创新等方面具体分析制造业集群供应链主体网络与辅助网络间的协同运作机理。

（四）制造业集群供应链网络协同运作模式

本部分在前三部分研究基础上借助神经网络法识别并提出制造业集群供应链网络协同运作模式，具体包括：集群供应链网络企业生产协同的有序竞合模式、集群供应链网络企业市场协同的交互营销模式、集群供应链网络企业资源协同的联盟共享模式、集群供应链网络企业知识协同的创新嵌入模式、集群供应链网络机构服务协同的依托互利模式等。

（五）制造业集群供应链网络协同运作策略

本部分将在前四部分研究基础上进一步归纳总结提炼促进制造业集群供应链网络协同运作策略，主要围绕企业、政府、中介机构、金融机构、科研院所等行为主体在产品供应链网、服务供应链网和知识供应链网等层面的协同一体化运作展开，具体包括：资源协同策略、流程协同策略、技术协同策略、物流协同策略、信息协同策略、创新协同策略等。

（六）制造业集群供应链网络协同实例分析

本部分将在前五部分研究基础上进一步通过案例对制造业集群供应链网络协同进行实例分析，主要围绕江西陶瓷制造业集群发展现状、供应链网络构成主体及其联结模式、网络协同机理及模式以及网络协同策略而展开。

二、研究思路

本研究以产业集群理论与供应链网络协同理论为基本依据，以结构模型、神经网络等方法为主要分析工具，探讨基于制造业集群供应链网络协同运作机理及模式，具体的研究思路如图 1.1 所示。

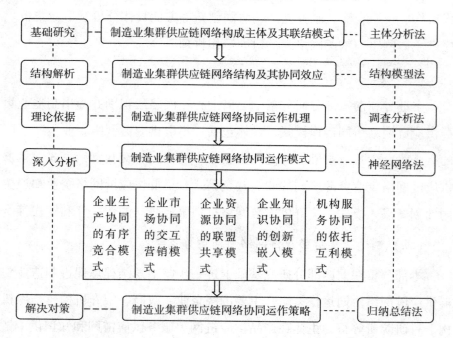

图 1.1　研究思路图

第四节 研究方法

从供应链网络协同视角研究制造业集群运作机理及模式是一个跨学科的复杂问题，涉及管理学、产业经济学、系统学等多个学科，需借鉴并采用不同领域的成果和方法，涉及的具体方法如下。

1. 主体分析法。本研究利用主体分析法逐步归纳制造业集群供应链网络的构成主体，为制造业集群供应链网络联结模式及空间结构分析打好基础。

2. 结构方程模型法。本研究利用结构方程模型（SEM）对制造业集群供应链网络协同及协同效应进行实证分析并建立集群供应链网络效应的多维结构模型。

3. 调查分析法。利用调查问题分析法针对制造业集群供应链主体网络与辅助网络间的协同运作机理进行具体分析。

4. 神经网络法。本研究借助神经网络法识别并提出制造业集群供应链网络协同运作模式。

5. 归纳总结法。本研究最后通过归纳总结法提炼制造业集群供应链网络协同运作策略。

第五节 主要创新点

制造业集群的稳定发展离不开其供应链网络的协同有序运作。本研究依据供应链网络协同及产业集群理论，在制造业集群供应链网络构成主体及其联结模式解析基础上，借助解释结构模型法对制造业集群供应链网络结构进行分析，进而从分工协同效应、资源协同效应、生产协同效应、市场协同效应、竞争协同效应和创新协同效应等维度解析制造业集群供应链网络协同效应；接着从产品供应链网络、服务供应链网络及知识供应链网络三个层面分析制造业集群供应链网络协同运作机理，并进一步分析制造业集群供应链网络协同运作模式，最后总结归纳制造业集群供应链网络协同运作策略。本研究的特色与创新之处主要体现在以下几点。

（1）从专业分工、服务协作与技术创新等维度构建集产品供应链主体网络、服务供应链与知识供应链辅助网络于一体的制造业集群供应链网络立体结构模型，这是本研究的独到思路。

（2）从资源共享、生产与市场协作、技术交流、服务支持、协同创新等方面分析制造业集群供应链网络协同运作机理是本研究的核心，具有一定的挑战性。

（3）提出企业生产协同的有序竞合模式、企业市场协同的交互营销模式、企业资源协同的联盟共享模式、企业知识协同的创新嵌入模式、机构服务协同的依托互利模式五种制造业集群供应链网络运作模式，是体现本研究实用价值的特有内容。

（4）进一步验证供应链网络协同和协同优势的关键维度，为供应链网络协同和协同优势的实证研究提供实证依据；从操作层面探析供应链网络协同及其所产生的效应，为供应链网络的协同效应提供实证依据。

第二章

国内外研究现状及发展动态

本研究需要从产业集群、供应链网络、供应链协同、集群供应链等多方面汲取理论营养，现将相关研究文献分类梳理并进行述评。

第一节　产业集群相关研究

一、产业集群概述

在牛津词典（1979）中，集群（Cluster）指一组在一起发育的相似的事物。根据此定义，群居在一个区位而没有什么联系的企业"扎堆"也称为集群。虽然对集群现象的最早认识源于100多年前马歇尔（Marshall，1891）提出的产业区概念，但明确的产业集群（Industrial Cluster）概念最早是由迈克尔·波特教授在1990年出版的《国家竞争优势》中提出来的。产业集群即指"在某一特定区域下的一个特殊领域，存在着一群相互关联的公司、供应商、关联产业和专门化的制度和协会"。而目前学术界引用比较多的是波特1998年对产业集群的定义，产业集群是指在某一特定领域中（通常以一个主导产业为核心），大量相互关联的企业及支撑机构在空间上集聚，并形成强劲、持续的竞争优势的现象。王缉慈在《解读产业集群》一文中认为："产业集群是一种经济地理现象或实践经验，又可看作一类产业空间组织或经济理论模式；我们可能将它用作区域经济发展战略，更应把它作为认识区域经济的思维方法，即产业集群是把区域经济视为相互依赖的企业和机构地理集聚的经济系统的一种方法。"结合对上述集群定义的理解和认识，本研究认为产业集群是指在特定地域中进行专业化协作的企业及其辅助支持机构共同互动构成的集聚体。

二、产业集群的研究动态

产业集群作为企业与市场之间一种特殊的合作组织形态，在同一地域中对同一产业价值链上的企业形成了强大的凝聚力及强劲、持续的竞争优势。从1990年波特教授正式提出产业集群的定义以来，有关集群的研究文献越来越丰富，集群已成为促进经济发展的一种新思维方式，同时又是引起变革的一种手段（迈克尔·波特，1998）。产业集群作为认识区域经济的思维方法，是把区域经济视为相互依赖的企业和机构的地方聚集的一种方法（王缉慈，2005）。

国外关于产业集群理论的研究历史非常丰富，产业集群理论的形成可分为三个阶段。

第一阶段是各个学者从不同角度解读产业集群形成的原因，影响深远的主要有三个相关理论。一是外部经济理论，马歇尔（1890）认为外部经济与规模经济是企业聚集的原因，并将在特定区域形成的集群称为"产业区"。产业集群存在的主要原因就是获得外部经济。二是产业区域理论，韦伯（1929）认为产业集群现象可用工业区位理论来解释，并提出了聚集经济的概念。韦伯认为工厂的聚集使得工厂规模增大，而工厂规模增大可带来收益或节约成本，所以工厂有聚集的愿望。霍特林（1929）发现为了占据更大的市场获取更多利益，寡头企业一般会聚集在一个区位。胡佛认为产业聚集的重要原因是规模报酬以及本地都市经济化。三是增长极理论。"增长极"是指能带动其他产业增长并具有连锁推动效应的领头产业或企业。"增长极"通过连锁效应带动区域发展，促进生产要素的聚集，所以才会产生产业聚集的现象。

第二阶段是对1970年后兴起的中小企业集群产业区的形成与成功模式进行研究。中小企业集聚产业区也被称为"新产业区"，它容纳了竞争与合作相互依存的中小企业，是一个综合体。1984年，意大利学者提出"柔性专业化"是产业集群的重要特点。此时期兴起的"新产业区"均有分工高度专业化的特征，这些中小企业相互配合，高效生产，同时地理位置上的聚集也使得它们获取外部经济、规模经济更为便利，提升了整体对市场需求的敏感度。Storper（1989）也发现聚集的中小企业间存在良好的分工协作现象，企业间形成了网络组织。也有学者强调了产业集聚的原因不只是外部经济以及规模经济，还应考虑到社会根植性，即产业集聚的重点是人类团体的聚集。

第三阶段是20世纪90年代至今，产业集聚从经济学的边缘地带变成了主流论题。这个阶段的发展主要归功于波特与克鲁格曼的研究贡献。波特的竞争优势理论指出产业集群是在某一特定领域中，大量相关联的企业及机构在一定的空间内聚集，并打造出持续的竞争优势，使得效益、效率以及柔韧性都大幅度增强的一种组织形式。产业集群也可以用波特提出的"钻石模型"来解读，钻石模型解释了一个国家或者区域获得竞争优势时需要从哪些方面入手，且表明了关键是国家或者区域拥有可持续创新的特色产业，而特色产业的形成与发展离不开产业集聚的效益。此外，也有学者对产业集聚进行定义，认为社会的影响以及企业间的相互协同是不可忽略的。另一位伟大的学者克鲁格曼主要从经济地理的角度探析产业集群。克鲁格曼（1991）利用新贸易理论及竞争垄断模型来阐述产业集聚的特点，他认为产业集聚是在运输成本、生产要素移动以及企业规模报酬的变化通过市场传递相互作用的情境下产生的，并且具有"历史依赖性"，即只要发生一次这样的产业集聚就会一直持续下去。同时，克鲁格曼（1993）第一次通过数学模型论证了产业集群形成的机理，证明了较高比例的制造业规模和较低的运输费用利于形成区域式的产业集聚。

从第三阶段开始，关于产业集聚的研究形成了一股热潮，学者们用数学工具，从各个行业不同视角对产业集群的形成、作用机理以及产生影响等进行研究。近年来，我国也有许多学者结合我国国情对产业集群理论进行研究。万幼清和王云云（2014）探讨了产业集群内部企业的竞合关系，研究了产业集群内部协同创新的风险传导机制，为控制协同创新的风险提供了参考。于海瀛、姜辉和许佩（2017）利用系统动力学探讨产业集群与企业绩效的影响关系，并梳理了产业集群中的资源环境、创新能力以及发展规模与企业绩效的因果关系。张治栋和王亭亭（2018）利用长江经济带的八个城市数据对产业集群与区域经济发展的关系进行了探讨，通过数据得出产业集群明显推动区域的经济增长效益。也有学者从知识流动的视角出发，分析产业集群中创新知识、学习能力等如何在产业集群中演化，并分析了知识的增加与衰弱对集群创新绩效的影响。

近几年，学者们还较多关注了产业集群的演变规律及集群创新问题

（Klepper，2010；Engel 等，2010；Chih – Hsing Liu，2011；P Li 等，2012；廉同辉等，2013）、产业集群的支持体系（胡宇辰，2005）、产业集群升级（刘平、贺武、周世璇，2015）、集群发展与区域经济互动（周晓晔、付东明、高婧葳，2016）。

第二节　供应链网络相关研究

一、供应链网络概述

供应链作为一种新型的组织模式和管理方式为企业的快速发展提供了强大动力，供应链也是企业参与市场竞争强有力的武器，因而受到理论界和实务界越来越多的重视。供应链网络往往与供应链复杂性、供应链系统化等关键词相关联。复杂网络理论是供应链网络发展的前提。复杂网络理论经历了较长的发展，一个系统的功能往往会受到外界环境影响，但除去外界影响，更多的是其内部结构带来的影响。初期，通过大量的研究人们发现，某些聚合形成的系统的结构大多相似，存在一定的普适性，如社会网络、自然网络等复杂系统。Strogatz 和 Watts（1998）引入小世界模型，用来描述网络从完全规则到完全随机的转变。Barabási 和 Albert（1999）提出复杂网络的链接具有无标度的特征。在这之后，复杂网络的研究进入新的阶段，并催生了网络科学与工程这门复杂学科。人们从无标度特征入手，做了大量的关于实际复杂网络特质的实证研究，有研究社会网络、信息网络、技术网络以及生物网络等方面。

二、供应链网络的研究动态

随着国内外学者对供应链管理理论的关注，有关供应链网络的研究日益丰富，主要成果集中在供应链网络的概念与结构、供应链网络模型与算法、供应链网络决策等方面。

（1）供应链网络概念与结构。学者们普遍认为供应链网络是由供应商、制造商、销售商在战略、任务、资源和能力等方面相互依赖而形成的复杂供产销关系网络（Fu－Renlin 等，1998；Cooper 等，1998；Christopher，1999），有学者关注了供应链网络的演化（熊伟清、魏平，2015；曹文彬、熊曦，2016）。

（2）供应链网络模型及算法。国外学者从不同角度关注了供应链网络模型与算法研究，包括：供应链网络设计阶段模型（Andi 等，2002）、供应链网络平衡模型（June Dong 等，2004）、供应链网络随机模型（Tjendera 等，2005）、供应链网络多层次交互作用模型（Z. H. Che 等，2007）、全球供应链网络风险管理的随机模型（Mark Goh 等，2007）。近两年国外文献出现较多的是供应链网络混合整数规划数学模型（Özceylan E，2013；Paksoy T，2013；Kristianto Y 等，2014）。近几年国内学者较多关注了供应链网络均衡模型，算法或仿真（滕春贤等，2007；徐兵、朱道立，2008；张浩等，2012；彭向、张勇，2013；赵国甫，2016），闭环供应链网络动态模型（孙嘉轶、滕春贤、陈兆波，2015），动态供应链超网络均衡模型（马军、董琼、杨德礼，2016）。

（3）供应链网络决策。多数学者关注了供应链网络配置（Anthony，2000；Jun－Hyung Ryu，2004；Nagurney 等，2005；Venkatadri 等，2006；Fulya，2006；Suh－Wen Chiou，2007）。

近几年，部分学者关注了供应链网络设计决策算法，包括供应链网络设计启发式算法（Badri H 等，2013；Stritto G D 等，2013）、混合粒子群智能算法（Shankar B L 等，2013）、交互模糊规划方法（Fallah-Tafti A 等，2014）。另外，国内学者关注了单商品供应链网络中制造商与零售商的利润均衡决策（胡劲松、徐元吉，2012），动态库存控制（李翀等，2013），闭环供应链网络均衡决策（孙浩、张桂涛、钟永光、达庆利，2015），可靠供应链网络设计（马卫民、李彬、徐博、张发幼，2015）。Dirk Helbing（2006）从复杂网络系统视角探索供应链网络，他和其他学者共同发现复杂供应链网络中的拓扑结构对供应链中的信息效益有重要影响，良好的网络结构可以缓解信息的波动且能增加其柔性，更易抵抗外界风险。学者从复杂性理论的视角对供应链进行研究，指出供应链上成员间的网络链接决定了供应链的复杂程度，成员之间是协同与竞争共存的关系。也有学者研究供应链的拓扑网络结构，提出供应链系统具有适应性，供应链系统为了提升适应能力，会自发地改进其拓扑网络结构。Pathak（2007）用仿真的方法验证了供应链网络具有复杂的适应能力。

有学者发现在供应链金融即供应链融资中，从能力和网络的视角出发，能为供应链融资提供一些策略，宋华和卢强（2017）依据208个中小企业融资样本分析得出，在供应链网络中的中小企业联结程度不同，整合能力不同，创新能力不同都会影响到融资情况。之后，宋华（2018）又研究了网络嵌入性对中小企业融资绩效的影响，认为结构嵌入性和关系嵌入性的强弱对供应链金融影响较大，在中小企业融资难的背景下，只考虑网络嵌入性是不全面的，应将中小企业的竞争力也考虑进来，二者交互共同影响供应链金融绩效。

有学者考虑库存能力的约束下闭环供应链网络的均衡问题，利用算法分析发现库存能力的约束会提高供应链网络的总利润，但没有实现帕累托改进。有学者聚焦生鲜供应链，考虑时间和温度对生鲜产品的影响，利用算法平衡线上和线下双渠道供应链网络。在低碳经济背景下，有学者考虑碳排放和碳交易，建立双渠道闭环供应链网络的模型，探讨供应链网络达到平衡的条件。在构建多级供应链网络模型时，邱若臻等（2017）发现，优化供应链网络的鲁棒性，可增加其对抗外界经济不确定性带来的冲击。孙浩等（2015）研究了在政府补贴的情况下，利用变分不等式理论分别得出供应链网络中每个层级达到均衡的条件，从而推导出最终供应链网络均衡的模型。林晶和王健（2018）从制造商的视角出发，发现异质品供应链网络中对于渠道的选择受消费者偏好的影响。

第三节　供应链协同相关研究

一、供应链协同概述

供应链协同（Supply Chain Collaboration，简称 SCC）是供应链上各节点企业以实现共同目标而协同运作的企业活动。供应链企业与上下游合作伙伴在彼此信任的基础上，搭建信息技术共享平台，及时共享信息，以及时应对市场变化和满足客户需求为核心，进行协同运作的业务流程再造，形成公平公正、利益共享和风险共担的合作机制（陆雄文，2013）。20 世纪 80 年代，在市场竞争日益激烈的环境下，企业开始着眼于加强与外部企业的协同合作。通过加强企业间的合作关系，建立互利共赢的业务联盟，从而追求利润最大化。供应链协同逐渐受到理论界与实践界的关注。21世纪以来，随着生产技术和信息技术的高速发展，市场竞争逐渐白热化，市场需求瞬息万变，企业愈加重视与合作伙伴的协同运作，从而提高企业快速响应市场和消费者需求的应对能力（Maomao Chi，2020）。尤其是在沃尔玛与上游供应商合作成功之后，供应链合作已经成为全球许多公司的常见做法（D. Simchi-Levi，1999）。企业与上下游合作伙伴的协同运作能力已经成为很多企业的竞争优势来源之一，企业通过与供应链上下游企业的合作联盟，对供应链能力和资源进行了整合，实现互利共赢。

协同为供应链带来的优势如下。第一，快速响应。在协同的供应链组织中，企业通过供应协同、生产协同和需求协同，有利于实现精准识别顾客需求，并快速响应顾客需求。第二，打破界限。在信息化技术的支持下，供应链协同有利于突破部门之间的分工界限和沟通壁垒，在更大范围内实现各职能的资源配置和优化组合。通过赋予员工个体或团队组织更多的工作自主权，激发员工及团队的群体智慧，获得团队最优决策方案，实现组织、管理和技术三个方面的高度契合。第三，成本优势。企业之间依赖于信息技术支持下的供应协同、生产协同和需求协同，可以实现以顾客需求为主导的反向生产驱动。企业通过围绕市场需求为核心，按需生产，有利于极大降低供应链整体库存量。同时，在供应链协同管理的思想下，上游供应商、制造商和下游经销商在战略方面达成一致，形成战略联盟，通过统一同盟间的利益目标，打通供应链企业与上下游合作企业的信息共享通道，从而尽可能降低整个供应链网络的交易成本。第四，价值输出最大化。每个企业的资源范围和能力边界都是有限的，在激烈的市场竞争中，单打独斗的时代已经过去。企业越来越重视整合供应链上合作伙伴的资源与能力，通过对供应链上各节点企业物流、资金流和信息流的计划、组织、协调与控制，来加强与供应链合作伙伴的协同运作，实现优势互补，从而扩大企业自身资源范围和能力边界。企业间形成协同关系，不仅可以使企业借助其他企业的核心竞争力来形成和维持，甚至是强化自己的核心竞争力，同时企业也将帮助自己的上下游合作伙伴最大限度地提升客户满意度，从而使整体供应链创造和输出的价值最大化。

二、供应链协同的研究动态

供应链协同一直是供应链管理领域的热点问题，自提出以来就受到了国内外学者的广泛关注，有关研究较丰富，主要成果集中在供应链协同概念与作用、供应链协同模型、供应链协同策略等方面。

（1）供应链协同概念与作用方面。供应链协同是通过企业相互联系业务以实现资源共享，包括企业内部的协同和企业外部的协同（Thomas，1996；Stank，2001；Manthou，2004）；供应链协同有利于收益共享，有利于生产、运输与库存的合理有效组织（Cachon，2005；Kanda，2008；Karakitsiou 等，2008），供应链协同能够增强供应链弹性（Scholten K，Schilder S，2015）。

（2）供应链协同模型方面。从 2000 年开始陆续有学者关注了供应链中不同节点企业间的协同运作模型（Sabri 等，2000；Giannoccaro，2004；徐琪、徐福缘，2003）以及供应链协同决策模型（唐小波、黄媛媛，2005；宁方华等，2007；魏炜、申金升，2010；马士华、李果，2010；朱晓宁等，2014；Long Q，2016）。

（3）供应链协同策略方面。近年来越来越多的学者陆续关注了供应链中不同问题的协同策略，主要包括库存协同策略（Chaharsooghi，

2010；熊浩，2014）、计划协同策略（杨凡等，2004；张翠华等，2008；黄焜等，2011）、物流协同策略（刘炯艳，2007；谈冉等，2007；谢磊等，2014）、知识协同策略（向晋乾等，2005；张省，2014）、契约协同策略（夏蔚军、吴智铭，2005；魏晨、马士华，2008；侯玉梅等，2013；Saha S，Goyal S K，2015）等方面；另有部分学者提出供应链中需要构建协同管理信息平台（Abuhilal等，2006；陈志圣、黄立平，2007；裴玉玲、徐世六，2009）。少数学者关注了供应链协同机理与模式研究（闵新平、史玉良、李晖等，2016；吴绒、白世贞、吴雪艳，2016）。

在不确定性变化加剧的市场竞争中，企业通常会以跨职能和跨组织的供应链协同为途径，来提高供应链的柔性程度，从而增强供应链的竞争能力。陆杉和高阳（2007）认为，维护供应链的协同关系是供应链管理的重要组成部分。而对于供应链协同的定义，学界目前尚未达成共识。Simatupang和Sridharan（2002）认为供应链协同是指两个及以上的供应链成员，通过利用协同决策、信息共享、收益共享以及风险共担的方式，来满足客户需求，从而获得更高的经营利润并形成企业自身的竞争优势。Stank（2001）认为供应链协同是指企业以业务合作为依托，实现资源共享，其中既包括企业的内部协同，也包括企业的外部协同。Manthou等（2004）则认为供应链协同是指供应链上各节点的企业为了实现供应链整体利益最大化而付出的共同努力。此外，也有学者将供应链协同管理分为三个层面，分别是战略协同、策略协同以及技术协同。在发展进程中，企业为了提升自身能力、适应所处的环境，会形成战略主导下各个子系统的协同运作机理及工作方式，协同机制也越来越多地应用在企业管理中，而战略协同、组织协同和技术协同同样也可能影响企业的创新环境。

　　通过供应链协同对资源进行优化整合，对提升企业能力有着重要作用。在平台竞争激烈的当下，企业通过与供应链上下游合作企业之间的战略联盟与协同策略，有利于获取新的发展动力，从而实现竞争突围。随着供应链协同的重要性越来越突出，学者们开始关注供应链协同的影响因素、关键要素和产生作用。葛亮和张翠华（2005）认为协同策略和技术是供应链协同的关键之处，他们从合作伙伴的选择、激励、运作和绩效评价四个方面综合分析了供应链协同的技术。张国军（2001）认为供应链协同最重要的基础是企业与供应链上下游合作伙伴之间的信息共享。Cachon 和 Lariviere（2005）、Kanda 和 Deshmukh（2008）指出通过供应链协同有利于生产、运输与库存的合理配置和有效组织，实现收益共享。Scholten 和 Schilder（2015）认为通过供应链协同有利于提高供应链柔性。Vereecke 和 Muylle（2006）的研究也发现，供应链协同不仅有利于降低企业成本和提高企业效率，而且有利于提高供应链柔性。汪新宇（2016）则通过案例分析探讨了供应链协同与供应链柔性的关系。他认为企业可以通过在计划层面与供应链上下游合作伙伴之间的协同合作，来促进供应链资源和能力的整合，从而提升供应链整体的柔性能力。黄敏镁（2010）通过演化博弈理论研究了供应链协同产品开发的收益与研发费用、监督条件、背叛行为等的关系，证实了在合理的监督条件下，供应链协同开发比独自开发获得的收益高。肖静等（2019）以汽车制造行业较为复杂的供应链为研究对象，构建供应链协同有效性程度的评价指标，并根据结果提出相应的改进意见，解学梅等（2019）用长三角经济带上的 405 家企业的数据，研究了绿色创新战略、驱动因素和供应链协同之间的交互关系。韩正涛和张悟移（2020）研究了二级供应链协同创新中知识转移的路径以及不同决策下收益共享机制对供应链收益与协同创新效益的影响。供应链协同的最大优势即为供应链上所有资源的协同整合，王少凡和王向阳（2020）研究了供应链协同资源整合过程中合作、互助、共享的路径，有利于提升企业的动态能力以及运营能力。

第四节　集群供应链网络相关研究

一、集群供应链概述

Simchi-Levi 等（2000）认为供应链管理是指通过一系列方式将供应商、制造商、仓库进行有效整合，以成本最小化和最大程度地满足客户需求为目标，最终使产品以正确的数量、准确的地点和适当的时间进行生产、分销和流通到消费端。换言之，供应链即指产品从原材料到成品，从生产商经批发商、经销商和零售商到消费者终端的营销渠道。2001 年，我国发布实施的《物流术语》国家标准（GB/T18354—2001）对供应链进行了定义："供应链是生产及流通过程中，涉及将产品或服务提供给最终用户活动的上游和下游企业所形成的网链结构。"马士华（2016）认为供应链是以核心企业为中心，通过控制信息流、物流和资金流，从原材料采购、制成中间产品至最终成品，经由销售网络将产品送到消费终端，将供应商、制造商、分销商、零售商和终端用户连成整体的功能网链结构模式。综合不同学者对供应链定义的理解和认识，本研究认为供应链是指企业从原料采购到制成品完成过程中，所发生和存在的产品或服务供应关系构成的网络。

集群供应链的概念与产业集群和供应链的概念紧密相连，结合两者的定义，我们可以将集群供应链看作为一类既有集群网络组织的特点又兼具供应链特征的新型网络组织形式。集群供应链是在产业集群地域范围内所形成的兼具范围经济和规模经济的供应链网络组织系统。集群供应链是以供应链视角来对产业集群进行阐释，是依托于产业集群但同时又突破产业集群地域限制的供应链网络的集合体，是两个及以上的具有分工协作关系的企业和组织机构通过相互协同有机聚合而形成的有向网络。集群地域中供应链核心企业的非唯一性和生产相似性，产生了在该地域内供应链的多条性和生产相似性。如此形成的每个单链条供应链企业不仅是在供应链条内部之间协同运作，而且不同单链条供应链企业还存在着跨链条之间的协作。与此同时，在集群地域内还存在着大量链条以外的专业化配套中小企业。这些配套中小企业在各个单链条供应链的生产中起着配合和补充的作用。

二、集群供应链的研究动态

集群供应链作为以集群为平台的供应链网络集合体，是产业集群和供应链的有机结合，产业集群和供应链的相关理论都是研究集群供应链必不可少的基础，但国内外对集群与供应链耦合而成的集群供应链的研究起步较晚，有关文献相对薄弱。部分国外学者关注了集群中的供应链管理决策问题（Bozarth C 等，2007）、物流网络（Bosona T G 等，2011）、集群供应链网络合作（Reveiu A 等，2013）。黎继子等（2006）学者将集群式供应链定义为在特定的地区中，围绕一个产业或相关产业的价值链的所有环节的机构组织聚集，在该地域中供应链上的不同链条具有生产相似性，各个企业存在竞争和协同的关系，形成的网络组织系统就是"集群式供应链"。魏江（2003）通过对浙江地区产业集群的调查发现，低压电器的原配件生产、组装以及销售形成了一条完整的供应链，其中绝大部分的零配件能在当地采购，由此，他提出产业集聚是依据供应链的集聚而形成的。

近几年受产业集群现象及供应链网络研究热潮的影响，关注集群供应链的国内学者及文献也越来越多，主要集中在集群供应链组织模式和集群供应链协作模型等方面。

（1）集群供应链组织模式。主要包括：全球价值链与地方产业集群供应链整合模式（黎继子等，2005），集群供应链网络组织（霍佳震、吴群、谌飞龙，2007），集群供应链企业二元组织模式（陈建军等，2009），集群供应链的集成组织模式（杨瑾，2011）。

（2）集群供应链协作模型。主要包括：集聚型供应链网络演化模型（傅培华等，2013）、两单链跨链合作与不合作的供应链模型（黎继子等，2008）、集群供应链相同链节及不同链节库存互补模型（施国洪等，2009）、完全信息静态与不完全信息动态下两集群供应链间的博弈模型（唐喜林等，2009）、客户需求不确定情况下正常补货与紧急补货相结合的跨链库存协作模型（朱海波等，2013）、集群供应链无契约跨链采购模型及有限超储契约下的集群跨链采购模型（刘春玲等，2013）。

国内学者关注了集群供应链合作（左志平、刘春玲、黎继子，2015），集群供应链协调（颜波、刘艳萍、夏畅，2015；李宏宽、李忱，2015）及集群供应链协同等问题。周宏根、景旭文（2009）提出面向服务的集群式供应链协同平台；赵广华（2010）阐述了产业集群供应链协同管理的基本内涵，并提出产业集群供应链协同管理体系；黄花叶、刘志学（2011）提出第三方物流参与的集群供应链跨链双向补货库存协同控制模式；胡滢关注了第四方物流下集群式供应链协同管理。

有学者针对集群供应链的特征，设计了集群供应链的风险评价指标，认为可从环境风险、技术风险以及管理风险三个方面来衡量集群供应链的风险系数，接着又有学者针对复杂产品制造业的集群供应链提出了集群供应链绩效的评价指标体系。集群供应链是一个庞大且复杂的系统组织，赵广华（2010）认为要使得这个复杂的系统运营得当，就必须构建合理的协同管理体系，该学者从四个方面提出供应链协同管理体系的构建，将集群式供应链从理论落实到实践上。田刚等（2015）学者在集群供应链的视角下，研究了农业和物流业的共生问题，并给出了农业与物流业最终走向"网络共生"的路径。左志平等（2015）利用复杂环境行为理论，梳理关系开发了供应链生态合作绩效的量表，并利用湖北省的数据证实了产业集群内部组织动力和环境压力通过集群供应链生态合作显著影响供应链生态合作绩效。周兴建等（2019）关注产业集群下订单的合理决策，构建了基于集群式供应链的多级跨链订单决策模型，并且通过算法和仿真证实了多级订单柔性决策的现实可行性。钱存华等（2019）关注集群供应链上的企业与物流企业的协同创新问题，为企业选择不同的创新策略提供了一些参考。当然，也有学者关注到了集群供应链融资问题，探讨中小企业集群供应链融资的内部风险治理。还有学者关注了在互联网背景下的虚拟集群，在虚拟集群下流通企业可以更好地整合供应链，实现供应链的变革。

多数学者将目光聚集在产业集群供应链的协同创新、知识共享等方面，大家利用不同的方法、不同行业的数据力求证明集群供应链上知识创新的方式与效益。王永明和鲍计炜（2019）建立了产业集群供应链上横向企业间知识共享行为的演化博弈模型，探讨提高或减弱企业知识共享行为的影响因素，发现共享成本、边际效益、激励系数等多个因素共同作用于企业知识共享行为。吉敏等（2013）学者探讨了战略性新兴产业中，集群供应链知识创新的过程和传导路径，构建了基于 SECI 知识螺旋的集群供应链知识创新双 S 模型。有学者探讨集群供应链的知识网络如何影响企业创新绩效，通过结构方程模型以及数据分析得出集群供应链知识网络特征正相关于企业创新绩效，同时在学习渠道与企业创新绩效中有部分中介作用。

第五节　研究述评及发展动态

现有国内外相关研究是本研究可借鉴的宝贵资源，通过文献概述发现：

第一，关于产业集群的研究已经达到了一定的规模，从产业集群的内涵、运行机理、风险、数据分析以及应用到现实生活中均有相关研究。关于产业集群的几个特点学术界达成了一致。一是产业集群是与地域高度相关的，是一种新型网络组织系统；二是产业集群内的企业间关系紧密，既有竞争又有合作，产业集群中存在复杂的网络，各个节点上的企业构成了经济网络、知识流动网络以及社会网络；三是产业集群中的交互创新具有能动性，会在网络中转移传递；四是产业集群的外部环境、基础设施等也对产业集群的效益和发展产生了较大的影响。总体来看，对于各地产业集群本身的实际案例分析和事件报道较多，但具体关注产业集群供应链网络结构的研究较少，深入剖析制造业集群供应链网络结构构成及企业协同竞合关联将对企业及整个产业集群建设发展有重要价值。

第二，供应链网络是复杂的，特别是在产业集群中的供应链网络。学者们对供应链网络的结构特征、传导机理、自组织运行动力等都进行了一定的研究，接下来可能会对复杂供应链网络间力量传导的量化、模拟仿真网络结构的演化过程、供应链网络风险的控制以及动力学在供应链网络中带来的影响等问题进行关注。供应链协同管理是将协同论引入供应链管理中，学者们探讨了供应链管理中的战略协同、技术协同、信息协同等方面，通过数据验证了协同管理的运用可提高企业绩效。但是，关于供应链协同体系、协同系统运行机理还未形成范式，关注制造业集群供应链网络协同的具体研究较少，因此从供应链网络协同视角关注制造业集群发展是一个较新的视角。

第三，产业集聚与供应链联系紧密，正是产业集聚与供应链耦合，诞生了集聚供应链的概念。在集群供应链中，学者们关注最多的就是集群供应链上的协同创新、知识流动等内容，通过数据模型来刻画集群供应链上知识流动、交互创新的传导轨迹，证明集群供应链的交互创新能力以及如何交互创新。集群供应链的协同管理是一个复杂的主题，集群供应链中不仅包含了核心产业的多条供应链，还包含了相关产业的各个组织机构以及辅助支撑产业的组织机构，是一个复杂的大型的网络组织系统。如何处理各个节点上企业间的关系，使得竞争合作达到一个生态平衡，推动整个产业集群的发展，构建集群供应链协同模式，发挥产业集群的规模力量，是目前极具意义的选题。集群供应链的研究起步较晚且主要研究成果集中在中国，西方发达国家在这方面的研究和应用不具备领先优势；现有集群供应链有关研究大多关注了产业集群与供应链的关系分析、产业集群的供应链模式分析及集群供应链网络内的竞合协作，尤其是跨链库存协作及物流协作等，取得了一些研究成果，但只有少量文献关注集群供应链网络协同问题，这为本书的选题及研究留下了一定空间。

第四，现有涉及集群供应链协同管理的少量研究中主要提到了集群供应链协同管理框架体系、库存协同及协同平台，鲜有文献考虑了供应链运作系统的网络协同机理及具体模式，从供应链网络协同方面关注制造业集群是一个较新的视角。

综上所述，国内外学者在产业集群、供应链网络、供应链协同、集群供应链等方面已经取得了一些值得借鉴的成果，但是目前少有文献从供应链网络协同角度来分析制造业集群问题。在当今强调供应链网络协同的大环境中，制造业集群的稳定发展离不开其供应链网络的协同有序运作，研究制造业集群供应链网络协同机理及模式既是对目前集群供应链理论体系的补充和完善，也是对实务界具有指导意义的战略选题。

第三章

制造业集群供应链网络构成主体及网络结构

第一节　制造业集群供应链网络的构成

集群供应链的主体由企业构成，但涵盖范围不仅仅包括企业，其主要依靠集群发展，但经营运行涉及的范围超出了集群的区域范围，横向上，集群供应链具有完整的供应链体系，纵向上，供应链企业分工协作，联系密切。以此纵横交替形成具有网状结构的组织轮廓，而有向、隐形的链状架构则依附于该显形的网状结构。集群供应链的构成主体不仅包括产业集群的全部成员，还涵盖了诸多辅助性机构及其所构成的服务供应链，而集群供应链网络中处于核心网络的企业成员所形成的产品供应链的正常运行则有赖于服务供应链的配合。集群供应链是多个供应链组织突破集群地域限制所形成的集合体，是产业集群和供应链共同作用的结果。集群供应链具体包括制造企业、供应企业、需求企业、政府、中介组织、科研院所、金融机构、分包商、销售代理商等构成主体，具体如图 3.1 所示，众多构成主体形成了复杂的网络关系。

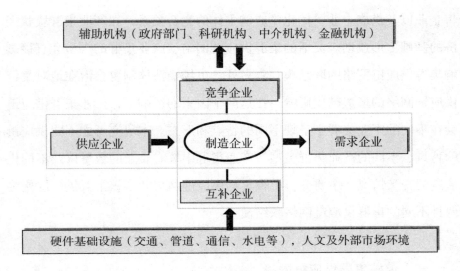

图 3.1　制造业集群供应链网络的构成

集群供应链网络是在产业集群基础上发展起来的供应链网络系统。集群是指关联企业以及相关的服务性支撑机构（如中介机构、金融部门、地方政府以及科研机构等）在地域聚集所形成的柔性生产综合体。集群的上游主要包括生产服务供应商、原材料供应商、零部件供应商以及机械设备供应商，下游主要包括客户、销售商及其销售网络，还包括众多关联企业，如基础设施供应商、行业中介、技能与技术培训机构以及互补产品的制造商等。

第二节　制造业集群供应链网络的联结模式

作为企业和供应链的集聚地，供应链通过控制产业集群中围绕核心企业的信息流、资金流和物流，不断整合多个分销企业、制造企业、零售企业以及供应企业，优化供应链主体的竞合关系，在产业集群块状经济的基础上形成动态灵活的集群供应链网络。产业集群的类型会直接影响集群供应链网络的联结模式，另外，市场经济体制也会潜在地对集群供应链网络的形成产生影响，在这两个因素的影响下，产业集群供应链会在不同的产业集群中呈现不同的特点和形态。本研究考虑不同供应链的特点、不同的产业集群类型、产业集群中核心企业的数量以及不同供应链的交叉情况，主要分析单核集群供应链网络和多核集群供应链网络两种不同的集群供应链网络联结模式。

一、单核集群供应链网络

单核集群供应链网络主要是以大企业为核心所建立的集群供应链，主要存在于轴辐式产业集群中，以核心企业的生产流程为主线，众多其他企业围绕着轴心进行日常生产和战略制定。在该种网络中，产业集群中的大企业利用其自身的优势（强大的品牌优势和雄厚的技术能力）掌握着整个单核集群供应链网络的运行，同时为网络中的其他企业提供技术支持和品牌依附；而该网络中的其他企业则按照核心企业的要求为其提供某种服务以及某种产品零部件或配件的加工和制造，同时保持生产运作上的独立性，为提高自身竞争力而努力发展。例如，日本的丰田汽车城就是典型的单核集群供应链网络。

二、多核集群供应链网络

作为最常见的供应链联结模式，多核集群供应链网络主要包括三种：交叉式多核集群供应链网络、平行式多核集群供应链网络以及混合式集群供应链网络。

第一，交叉式多核集群供应链网络。该种供应链网络联结模式广泛存在于马歇尔型产业集群，网络中的后一级的各个节点企业都和前一级众多节点企业存在供需关系。这种结构比较适用于定性定量研究供应链网络，是比较理想化的状态，在现实中并不常见，例如意大利马尔凯大区佩扎罗省的木器家具产业就是交叉式多核集群供应链网络。

第二，平行式多核集群供应链网络。该供应链网络中的供应链交叉情况较少，从表面上几乎看不到任何联系，但事实上，平行式多核集群供应链网络的联结主要依靠辅助型或服务型机构来建立联系。例如，行业协会及政府部门对核心企业及其他企业的管理控制，支撑企业（如科研机构、金融机构）对集群企业的技术和资金支持，第三方物流企业的物流服务等。大企业集群中的供应链网络多属于平行式多核集群供应链网络，例如克莱斯勒、通用和福特三大企业所在的美国底特律汽车城，三家知名企业之间各自独立发展，并未有明显的联系，但众多规模不同的汽车企业都在其带动下发展起来了。

第三，混合式多核集群供应链网络。在该网络模式下，交叉式多核集群供应链网络与平行式多核集群供应链网络共同存在，即集群内部不仅存在多个核心企业及相关的小企业所组成的交叉式集群供应链网络，还有大量中小企业与交叉式集群供应链网络中的主体没有合作关系的平行式多核集群供应链网络，印度的班加罗尔软件工业园和美国的硅谷就是典型的混合式多核集群供应链网络，其中，美国硅谷的高新中小企业集群就是业务上相互联系的计算机企业或半导体企业及其相关的辅助性或服务型企业，除了世界领先的大公司（如苹果、惠普、英特尔、太阳微系统和网景等）及其支持企业外，集群内还有大量的软件研发公司与这些大公司没有业务联系。

当然，由于不同的集群形态，这三种集群供应链网络并不能完全反映集群供应链网络的复杂性，但对于研究集群供应链依然具有一定的指导意义。例如，有可能存在这三种意外的联结模式，有些企业的研发和销售工作主要在集群地域内完成，但其生产环节在集群外部。中关村科技园区的电子信息产业集群就是属于这种"两头在内，中间在外"的集群供应链网络类型。

第三节　制造业集群供应链子网络解析

一、制造业集群产品供应链子网络

作为集群网络中最重要的经济单元，企业是参与创新的最直接的行为主体，是实现创新增值的主要力量。众多企业（成品的生产制造商、专业化的原材料或半成品供应商、销售代理商、分包商以及各种类型的企业服务商）之间的业务关系共同塑造了制造业集群产品供应链网络。为了区别于其他概念和界定概念的适用范围，我们一般意义上研究的供应链网络是指由核心企业、多个供应企业以及需求企业所共同构成的水平网络，集群内的企业存在一种纵向一体化的供需关系，即产品供应链网络。而正常的竞合关系和有序的交易秩序则主要由核心企业、竞争企业以及互补企业所组成的垂直网络进行维持，该网络中的各个主体之间不存在直接、简单的供需关系。这种垂直网络与水平网络共同构成了制造业集群的产品供应链网络。

二、制造业集群服务供应链子网络

制造业集群服务供应链主要起到服务和支持核心网络的重要作用，

是制造业集群供应链网络中不可或缺的一部分。该网络是由大学及科研机构、政府机构以及中介机构及金融机构等集群供应链系统中相关服务机构所组成的。其中，大学及科研机构为集群内的企业提供技术和知识的支持，不仅可以借助培训、教育和成果转化等方式在集群内扩散信息、技术和知识来推动市场价值的实现，还能为集群企业提供学界内最新的技术、思想和知识，拓宽企业的视野，推动企业的产品及流程创新；作为集群发展的重要推动者，政府能为地方市场行为提供有效的行为规范，为区域发展环境提供政策支持，为集群网络的形成和创新提供推动力量，挖掘和整合集群内部的优质资源，是制造业集群服务供应链网络中不可缺少的一部分；中介机构主要包括市场中介组织（如会计师事务所、律师事务所等）和社会中介组织（如商会、各种行业协会、创业服务中心等），为知识的传播与交换提供了载体和场所；金融机构往往聚集在发达的产业集群和新的产业集群中，推动区域经济的发展，企业与金融机构之间的良好关系对集群发展和企业提升竞争力有着非常重要的作用。

三、制造业集群知识供应链子网络

为降低交易成本和外部成本，集群供应链网络中的企业主体通常会频繁地进行网络化的集体学习。在集群内部，由于较高的知识分布对称程度，较低的信息转移成本，企业之间的密切联系和信息沟通流动共同构成了知识供应链和知识网络。

在产业集群科研院所和大学的辅助支撑下，大量同行业企业、上级供应商和下级购买商进行知识共享和知识转移所形成的网络结构推动了实体产品和隐性、显性知识在网络中的流动。科研院所、企业以及科技中介机构等节点单元都可以成为构成复杂集群知识供应链的一部分，这些节点单元之间的密切联系和相互作用形成了一个个交互的、强耦合的、多元的以及非线性的知识供应链，这些知识供应链则构成了一个有机的、复杂的集群知识供应链网络。在集群供应链的知识网络中，主要包括隐性知识和显性知识，隐性知识主要指集群供应链中除核心企业外的其他企业推动创新的核心能力（如秘诀、诀窍和技能等），显性知识主要指集群供应链中的核心企业的核心能力以及核心能力所附带的可共享和交换的知识。知识网络的形成为知识单元交易知识、共享和转移知识提供了场所和平台，降低了企业的知识交易成本，满足了企业的知识需求。当然，集群中知识交易主要在市场机制的作用下进行，知识网络中的知识交易双方可以根据自身需要和市场情况进行协商，达到交易双方都满意的结果。显性知识的交易通常以明码标价的方式进行，但由于隐性知识的特殊性，需要通过知识的拥有者（如专业技术人员）对知识买方进行培训指导才能实现。在集群知识供应链网络下，知识拥有者的显性知识可以有效地扩散和传播，而其隐性知识的扩散和传播则可以在集群区域内得到加强，此外，隐性知识的流动、扩散和共享，则可以进一步转化为显性知识，推动企业创新的科学化和标准化。

集群知识供应链网络的建立能够有效整合企业主体的外部知识资源，推动集群内主体的互相学习、伙伴合作以及核心能力互补，以此改善企业在创新中的知识薄弱环节，为企业的技术升级和技术创新提供条件。集群供应链内的企业通过面对面交互学习来获取知识溢出所带来的外部有效性，获得创新机遇。集群知识供应链网络主要包括三个方面的学习机制：第一，知识流动和扩散主要发生在核心网络成员企业和辅助网络中的代理机构、公共服务机构之间，例如，企业从公共服务机构中获取技术和管理服务、劳动力培训和教育，辅助网络为集群核心网络提供知识基础设施建设、正式沟通机制，辅助网络中的人员向核心网络流动等；第二，知识流动和扩散主要发生在核心网络内部成员企业之间，例如，企业之间的互动合作，企业之间的人力资源流动、正式或非正式的沟通等；第三，知识的流动和扩散主要发生在外部技术机构和高校与核心网络成员企业之间，例如，集群内部成员企业从高校获取人力资源培训支持，从技术机构获取技术支持等。因此，集群知识供应链网络为集群内部成员提供了多方面的学习渠道，这些学习渠道之间的互动则使得知识的传播和共享更加方便快捷，为知识的外部溢出提供了可能性，反过来优化了知识网络的结构和效用，构建了完善的集群学习机制和集群知识供应链网络。

集群知识供应链网络的集聚效应和网络化创新模式使得知识网络各个节点上的企业更易获得创新所需的知识资源（如研究团体、创新项目和专业人员等），降低了知识资源不足的企业在创新过程中所遇到的创新风险，为其提升创新能力和提高创新成功率提供了良好的条件。另外，集群内部的企业在集群的外部效应下能够更容易获得品牌效应，扩大市场规模，抓住市场需求，提高产品的市场占有率。作为知识创造的主体，科研院所和大学可以通过与企业进行技术项目合作开发、自主创业以及为企业培训技术人才来实现和提升知识的价值。知识供应链中企业作为知识的使用者，大学作为知识的创造者，科技中介作为知识营销的中间商，这三者之间相互信任、稳定合作的关系能够有效推动知识资源在知识网络中的流动，实现知识的增值。

集群知识供应链中的企业可能处于一个或多个知识供应链中，这些知识供应链的相互影响进一步加深了集群条件下企业之间的相互联系与合作，为企业联合制定行业标准提供了可能性，这也使得企业能够进一步扩大集群的垄断优势，获取更多的垄断利益，而集群垄断的增强反过来又会增强集群的凝聚力和创造力，加强了集群的有机整体性。集群知识供应链网络推动了不同企业之间的非正式交流与合作，这种合作不仅能够实现显性知识的交易和转移，还为其他企业获取知识拥有者的隐性知识提供了可能。非正式交流的自由、开放氛围有利于企业进行讨论和反思，这一过程往往会产生不同思维的碰撞，产生创新和改革的火花，无形之中影响企业的知识积累和创新，同时也能丰富双方的知识库，提升知识含金量。例如，北京中关村和硅谷的交流等就是这种非正式交流的典型案例。

第四节　制造业集群供应链网络三维结构模型

作为一种新兴的组织运作系统，集群供应链网络的运作特点和结构特征使其在竞合协同关系上更加优于一般的单个企业或单链供应链的竞合协同关系。具体来说，集群供应链网络中主体的竞合协同关系不仅存在于单链式供应链内部，还拓展到跨链间的不同供应链之间。集群供应链中的涉及范围不仅包括整条产品链相关联的企业群，如供应链上游的原材料供应商，供应链中关键部件生产制造的核心企业，供应链下游的销售服务企业，还包括一些辅助性服务机构，例如为供应链系统提供协助服务的金融机构、行业协会、政府部门、高校和科研院所以及中介机构等。上下游企业群与这些服务型辅助机构之间的相互融合共同构建了一个有机的集群供应链网络。

本研究将制造业集群供应链网络大致分为产品供应链、服务供应链与知识供应链三个维度。产品供应链网络指的是以生产有形产品的企业为核心地位进行上下游扩展活动的供应链网络，也是目前一般意义上所说的供应链网络。服务供应链网络主要是由服务中介、服务供应商、服务需求商等主体所构成的关系链网络,为集群企业提供服务和产品,帮助其满足市场需求;知识供应链网络是以实现知识的经济化与整体化为目标,以满足上下游需求为导向,围绕某一核心主体,将知识供应者、知识创新者和知识的使用者通过知识流连接起来的功能链网。根据其相关性建立集产品供应链、服务供应链与知识供应链三个维度的制造业集群供应链网络结构模型,具体如图3.2所示。

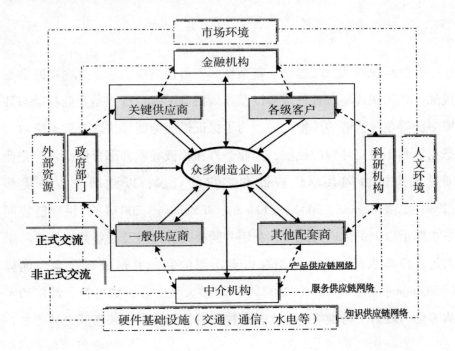

图 3.2　制造业集群供应链网络结构

第四章

制造业集群供应链网络协同效应

在数字化时代，动态性、复杂性和不可预测性，是企业面临的常态挑战。如何快速整合各种资源以及高效协调配置资源，是企业在动态环境中获得竞争优势的关键之一。为了保证供应链能够快速有效地应对动态竞争和不确定环境的挑战，企业一直在积极寻求外部合作伙伴。企业通过供应链协同共享供应商和客户的资源，以此增强竞争优势（Fawcett 和 Magnan，2004①；Lejeune 和 Yakova，2005②）。供应链协同是指两个以上的供应链成员，利用共同决策、信息及收益共享等手段来满足客户需求的过程，从而获得更丰厚的利润并形成自身竞争优势（Simatupang 和 Sridharan，2002）③。许多大型企业，如惠普、戴尔和宝洁等公司致力于与供应商建立长期稳定的协同关系，来降低交易成本并

---

① FAWCETT S E, MAGNAN G M. Ten guiding principles for high-impact SCM [J]. Business Horizon, 2004, 47 (5).
② LEJEUNE N, YAKOVA N. On characterizing the 4 C's in supply china management [J]. Journal of Operations Management, 2005, 23 (1): 81-100.
③ SIMATUPANG T M, SRIDHARAN R. The Collaborative Supply Chain [J]. The International Journal of Logistics Management, 2002, 13 (1): 15-30.

获得更强的竞争地位。供应链协同可以帮助企业之间共担风险（Kogut，1988）①、获得互补资源（Park 等，2004）②、降低交易成本（Kalwani 和 Narayandas，1995）③、提高利润绩效和增强竞争优势（Mentzer 等，2000）④。

尽管企业对供应链协同的优势和重要性已经达成共识，但是许多供应链合作关系仍然无法达到预期效果（Doz 和 Hamel，1998⑤；Barringer 和 Harrison，2000⑥）。很少有企业真正利用了供应链协同的潜力（Min 等，2005⑦；Barratt 和 Oliveira，2001⑧）。供应链协同仍有巨大的潜力空间，但需要进一步的研究来挖掘其价值（Goffifin 等，2006）⑨。

首先，对供应链协同中关系的内涵有待进一步验证。根据交易成本经济学（TCE）理论，在纵向整合和市场交换的治理区间内，协同是混

① KOGUT B. Joint ventures: theoretical and empirical perspectives ［J］. Strategic Management Journal, 1988, 9 (4): 319-332.

② PARK N K, MEZIAS J M, SONG J. A resource-based view of strategic alliances and firm value in the electronic marketplace ［J］. Journal of Management, 2004, 30 (1): 7-27.

③ KALWANI M U, NARAYANDAS N. Long-term manufacturer – supplier relationships: do they pay? ［J］. Journal of Marketing, 1995, 59 (1): 1-15.

④ MENTZER J T, FOGGIN J H, GOLICIC S L. Collaboration: the enablers, impediments, and benefits ［J］. Supply Chain Management Review, 2000, 5 (6), 52-58.

⑤ DOZ Y L, HAMEL G. Alliance Advantage ［M］. Boston: Harvard Business School Press, 1998.

⑥ BARRINGER B R, HARRISON J S. Walking a tightrope: creating value through inter-organizational relationships ［J］. Journal of Management, 2000, 26 (3): 367-403.

⑦ MIN S, ROATH A, DAUGHERTY P J, et al. Supply chain collaboration: what's happening? ［J］. International Journal of Logistics Management, 2005, 16 (2): 237-256.

⑧ BARRATT M, OLIVEIRA A. Exploring the experiences of collaborative planning initiatives ［J］. International Journal of Physical Distribution & Logistics Management, 2001, 31 (4): 66-89.

⑨ GOFFIFIN K, LEMKE F, SZWEJCZEWSKI M. An exploratory study of close supplier manufacturer relationships ［J］. Journal of Operations Management, 2006, 24 (2): 189-209.

合治理的调解形式。因为它不仅通过合同手段进行治理，还更加注重通过关系手段进行治理（Nyaga 等，2010）①。Cao 和 Zhang（2011）认为供应链协同不仅强调流程整合，也包括关系沟通。② 沟通是通过平衡、双向、多层次的契约和信息服务来整合供应链合作伙伴的连接方式。许多供应链协同失败的原因之一就在于沟通不畅导致供应链合作伙伴之间发生冲突和误解（Tuten 和 Urban，2001）③。事实上，供应链合作伙伴之间的合作不仅是纯粹的交易关系，而且是利用信息共享和知识创造来实现可持续的竞争优势（Cao 和 Zhang，2011）。

其次，现有对供应链协同的效应研究中，忽略了通过协同而实现的供应链协同优势。供应链协同是一种通过组织间合作获取竞争优势的关系视角。协同优势来自关系租金，关系租金是指必须通过合作方的共同努力所创造的超过企业独立单干所得之和的超额利润，是经济租金的一种类型。供应链协同就是通过对特质资源的组合、交换和共同开发来形成合作伙伴之间的共同利益（Dyer 和 Singh，1998）④。不同于竞争优势，这是一种着眼于双元关系中的共同价值创造所形成的联合竞争优势。供应链合作伙伴间通过一致努力实现共同目标，并取得比单独行动

① NYAGA G, WHIPPLE J, LYNCH D. Examining supply chain relationships: do buyer and supplier perspectives on collaborative relationships differ? [J]. Journal of Operations Management, 2010, 28 (2): 101-114.

② CAO M, ZHANG Q. Supply chain collaboration: Impact on collaborative advantage and firm performance [J]. Journal of Operations Management, 2011, 29 (3): 163-180.

③ TUTEN T L, URBAN D J. An Expanded model of business-to-business partnership foundation and success [J]. Industrial Marketing Management, 2001, 30 (2): 149-164.

④ DYER J H, SINGH H. The relational view: cooperative strategy and sources of interorganizational competitive advantage [J]. Academy of Management Review, 1998, 23 (4): 660-679.

所能实现的更大程度的互利（Mentzer 等，2001[①]；Sheu 等，2006[②]）。而竞争优势是鼓励个体寻租行为，从而实现企业自身利益最大化。既往研究中，协同优势更多地停留在概念层面（Cao 和 Zhang，2011）。而 Cao 和 Zhang（2011）通过对协同优势的维度解构和量表开发，解决了协同优势结构的操作化问题，但仍需进一步验证。并且，目前供应链协同对协同优势影响的实证研究仍然较少。

本章的目的是实证探究制造业集群供应链的协同效应。本章主要回答供应链协同的关键维度是什么，供应链协同会产生哪些协同优势，供应链上合作企业的邻近性、协同能力和协同资源投入是否调节供应链协同和协同优势之间的关系，本章将基于交易成本理论和资源基础观理论，对供应链协同及其对协同优势的影响进行实证分析。将交易成本理论与资源基础观理论结合起来，不仅考虑到企业自身的资源异质性，而且考虑到交易成本的节约，以全面地认识不同制造企业参与集群供应链协同所取得的竞争优势差异的根源。本章对现有研究的创新主要体现在：（1）进一步验证供应链协同的关键维度，为供应链协同的结构提供实证依据；（2）进一步验证供应链协同优势的结构，为供应链协同优势的操作化提供实证依据；（3）从操作层面探析供应链协同及其所产生的效应，为供应链的协同效应提供实证依据。

---

① MENTZER J T, DEWITT W, KEEBLER J S, et al. Defining supply chain management [J]. Journal of Business Logistics, 2001, 22 (2): 1-25.

② SHEU C, YEN H R, CHAE D. Determinants of supplier-retailer collaboration: evidence from an international study [J]. International Journal of Operations and Production Management, 2006, 26 (1): 24-49.

第一节 理论框架与研究假设

一、模型框架的理论基础

交易成本理论（Transaction Cost Economics，TCE）是一种解释企业之间关系的有影响力的理论（Williamson，1975[①]；Barringer 和 Harrison，2000[②]）。Williamson（1975）将等级制度和市场确定为两种组织方法。企业是通过内部垂直等级还是外部市场机制的交易关系，取决于相对的监督成本。这种监督成本是由有限理性、合作伙伴自身利益和机会主义所致的不确定性所引起（Kaufman 等，2000）[③]。供应链协同通过流程整合和相互信任帮助企业降低了市场交易中固有的机会主义和监督成本，从而提高了合作伙伴以供应链整体利益最大化来行事的概率。

资源基础观理论（Resource Based View，RBV）的核心概念是资源、能力和战略资产（Barney，1991）[④]。企业间的绩效差异可以用战略资源来解释，比如核心能力、动态能力和吸收能力。与竞争对手相

---

① WILLIAMSON O E. Markets and hierarchies：Analysis and antitrust implications ［M］. New York：Free Press, 1975.
② BARRINGER B R, HARRISON J S. Walking a tightrope：creating value through inter-organizational relationships ［J］. Journal of Management, 2000, 26（3）：367-403.
③ KAUFMAN A, WOOD C H, THEYEL G. Collaboration and technology linkages：a strategic supplier typology ［J］. Strategic Management Journal, 2000, 21（6）：649-663.
④ BARNEY J. Firm resources and sustained competitive advantage ［J］. Journal of Management, 1991, 17（1）：99-120.

比，以独特方式进行资源整合的公司可能更容易获得优势（Knudsen，2003）①。供应链协同是一种通过组织间合作获取竞争优势的关系视角，协同的优势来自关系租金。关系租金是指必须通过合作方的共同努力所创造的超过企业独立单干所得之和的超额利润，是经济租金的一种类型。关系租金的本质是通过具有专属性的关系投资产生的，以组织间价值创造的要素和机制为基础。RBV 认为，由于关系型资产的稀缺、有价值，不可替代且难以被模仿，因此投资于特定关系资产可以使伙伴公司建立竞争优势（Jap，2001）②。供应链协同还使企业能够专注于其独特的核心活动，从而提高企业的特定技能并实现规模经济和学习效果，从而提高竞争地位。

二、供应链协同与协同优势

（一）供应链协同

供应链协同的定义基本可分为两类：过程视角和关系视角。供应链协作已被视为一个业务流程，其中两个或多个供应链合作伙伴共同努力以实现共同的目标。供应链协同被定义为建立紧密的长期合作伙伴关系，其中供应链上合作伙伴共享信息、共享资源和共担风险，从而实现共同目标（Bowersox 等，2003；Golicic 等，2003）。综合过程视角和关系视角，本研究认为供应链协同是一种同盟关系，其中两个或多个独立企业通过密切合作来计划和执行供应链运营，以实现共同目标和互惠互

---

① KNUDSEN D. Aligning corporate strategy, procurement strategy and eprocurement tools [J]. International Journal of Physical Distribution & Logistics Management, 2003, 38 (8): 720-734.

② JAP S D. Perspectives on joint competitive advantages in buyer-supplier relationships [J]. International Journal of Research in Marketing, 2001, 18 (1): 19-35.

利。已有研究认为，供应链协同包括信息共享（Manthou 等，2004）、目标一致（Angeles 和 Nath，2001）、决策同步（Stank 等，2001）、资源共享（Sheu 等，2006）和激励措施（Simatupang 和 Sridharan，2005）。综合已有文献，本章将供应链协作定义为三个相互联系的组成部分：信息共享、目标一致和决策同步。它们通过降低成本和响应时间，利用资源并改善创新来增加供应链协作的价值。

"信息共享"是指企业与供应链合作伙伴及时共享各种相关、准确、完整和机密信息的程度（Angeles 和 Nath，2001；Cagliano 等，2003；Sheu 等，2006）。信息共享意味着供应链上的企业愿意向形成供应链节点的合作伙伴提供战略和战术数据，例如库存水平、预测、促销、策略和营销策略。

"目标一致"是指供应链合作伙伴之间达成目标协议的程度（Angeles 和 Nath，2001）。在实现真正的目标一致的情况下，供应链合作伙伴的目标与供应链的目标完全一致，或者在存在差异的情况下，可以通过努力最终实现目标一致（Cao 和 Zhang，2010）。

"协同决策"是指供应链合作伙伴在供应链计划和运营中协调决策，以优化供应链利益的过程（Simatupang 和 Sridharan，2002）。供应链需要制定计划决策，以确定最有效地利用供应链资源来实现特定目标的方式。

（二）协同优势

协同优势是指通过供应链合作在市场上获得超过竞争对手的战略利益。协同优势与协作活动的协同效果有关，任何公司单独行动都无法实现协同优势（Vangen 和 Huxham，2003）。Jap（1999）认为，合作可以扩大共同利益的规模，并给每个成员带来无法单独获得的更大收益。协同产生的价值可以是通过提高效率来节省成本，通过集体行动来增强能力和灵活性，可以通过资源协同来更好地制定决策和增加收入，可以通过知识创造来进行创新。企业协同效益可能不会立即显现，但是潜在的长期回报诱人且具有战略意义（Min 等，2005）。Cao 和 Zhang（2010）认为协同优势由五个维度构成：流程效率、供应柔性、业务协同、质量和创新。

"流程效率"是指公司与供应链合作伙伴的协作流程在主要竞争对手之间具有成本竞争力的程度（Bagchi 和 Skjoett-Larsen，2005）。该过程可以是信息共享过程、联合物流过程、联合产品开发过程或联合决策过程。流程效率是衡量成功的标准，也是企业获利能力的决定因素。例如，库存周转率和运营成本。供应链协同促进了供应链中参与成员之间的合作，并且能够带来降低成本和增加收入等优势（Lee 等，1997）。

"供应柔性"是指公司的供应链链接在多大程度上支持产品或服务产品的变化以响应环境变化。供应柔性是基于合作公司快速更改流程结构或调整信息共享流程以修改产品或服务的功能的能力（Gosain 等，2004）。在当今市场中，公司确实会关注客户，更多的公司在设计阶段就征求客户的意见，从而在以后更好地接受产品和服务（Bagchi 和 Skjoett-Larsen，2005）。

"业务协同"（Business Synergy）是指供应链合作伙伴在多大程度上结合互补资源和相关资源以获得超常收益。Ansoff（1988）指出，协同作用可以产生大于总和的资源综合收益。这种协同效应是由于在供应链中更好地利用资源而产生的，这些资源包括制造工厂等有形资产和客户知识，技术专长和组织文化等无形资产（Itami 和 Roehl，1987）。Tanriverdi（2006）提供了两个主要的协同增效来源：通过补充资源获得的超附加价值和通过相关资源获得的次附加成本（或范围经济）。

"质量"是指与供应链合作伙伴合作的公司提供能够为客户创造更高价值的优质产品的程度（Gray 和 Harvey，1992；Li 等，2006）。通过高质量的产品和创新的设计快速响应客户需求的公司，以及出色的售后服务，有利于建立顾客忠诚度，增加市场份额并最终获得高利润。Garvin（1988）提出了质量的八个方面：性能、特征、可靠性、一致性、耐用性、可维修性、美观性和可感知的质量。这些方面很全面，但是很难为每个方面建立度量。

"创新"是指企业与其供应链合作伙伴共同努力以引入新流程、产品或服务的程度。由于产品生命周期更短，企业需要频繁且少量地进行创新（Handfield 和 Pannesi，1995；Kessler 和 Chakrabarti，1996）。通过认真管理与供应商和客户的关系，企业可以提高他们的能力从事过程和产品创新（Kaufman 等，2000）。通过利用联合创造力，联合组织学习，知识共享，供应链合作伙伴之间共同解决问题的方法，企业可以提高吸收能力，从而快速而频繁地推出新产品和服务。

（三）供应链协同与协同优势

已有研究表明，供应链协同有利于降低成本、分担风险、获得金融资本、补充资产、提高学习能力和知识转移效率（Singh 和 Mitchell，1996；Park 等，2004）。Simatupang 和 Sridharan（2005）引入了一种协同指数来衡量协同水平，并发现协同指数与运营绩效呈正相关。供应链协同使成员能够创建响应能力以对需求变化做出反应。紧密的协同使供应链合作伙伴能够通过灵活的产品来提高其满足客户需求的能力（Simatupang 和 Sridharan，2005）。决策同步和激励措施对响应能力的影响很大（Fisher，1997）。

供应链合作提高了公司迅速利用市场机会的能力（Uzzi，1997）。例如，联合解决问题可以通过更快地解决问题来提高产品投放市场的速度。供应链合作伙伴之间共享的资源可能是相关的资源，从而降低了附加成本；也可能是补充资源，这些附加资源带来了超附加价值（Tanriverdi，2006）。两种协同作用都可以带来共同的协同优势（Barratt 和 Oliveira，2001；Callioni 和 Billington，2001）。

因此，本研究提出如下假设：

假设 H1：供应链协同正向影响协同优势。供应链协同程度越高，协同优势越大。

三、邻近性的调节作用

Boschma（2005）把邻近性分成地理邻近性、社会邻近性、认知邻近性、组织邻近性、制度邻近性五种类型。地理邻近性表示行为主体间的空间接近程度。社会邻近性表示各主体间的亲疏关系。认知邻近性表征个体在知识基础、技术结构、文化习俗等多方面的相似程度（王平平等，2020）[①]。

本研究对邻近性的定义主要是指组织方面的相似性。邻近性是拉近企业距离、达成组织间合作的重要促进因素（Kapetaniou 和 Lee，2019）[②]。但是，对于供应链协同而言，企业间建立合作关系的目的是

[①] 王平平，金浩，赵晨光. 区域创新网络演化及其邻近性机理［J］. 技术经济与管理研究，2020，41（6）：25-30.

[②] KAPETANIOU C, LEE S H. Geographical proximity and open innovation of SMEs in Cyprus［J］. Small Business Economics，2019，52（1）：261-276.

获得内部不具备的补充资源（Eslami 等，2018）①。供应链合作伙伴之间达成联盟、伙伴和合作关系，是为了有效利用合作伙伴的资源能力，实现共同利益最大化。企业资源的差异，比如研发力量、企业文化、生产运作及管理形式的差异，形成企业间不同的邻近程度。不同的邻近程度以不同的方式促进企业间的互动和优势互补。一般来说，企业间邻近性越低，企业间的优势互补效应越明显，那么企业通过供应链协同所能收获的协同优势越强。

因此，本研究提出如下假设：

假设 H2：邻近性负向调节供应链协同与协同优势之间的关系。企业邻近性越低，供应链协同与协同优势的关系强度越大。

四、协同能力的调节作用

协同能力包括企业的各种能力，如信息技术的利用能力、关系构建和管理能力以及对合作伙伴知识的整合能力。本研究的协同能力主要是指企业对供应链合作网络分歧和冲突进行管理的能力。协同能力是一种组织过程，它整合、构建和重新配置资源，以适应供应链协同带来的变化，从而将外部的资源转化为最终的成功。协同能力可以通过两种方式实现外部协同的优势转化。

首先，由于内部吸收能力对于企业将外部优势转化为内部优势具有重要作用，因此具备较高合作网络冲突管理能力的企业，有利于进一步发展和加强其内部能力，使企业更有动力参与协同，从而更有可能从供

---

① ESLAMI M H, LAKEMOND N, BRUSONI S. The dynamics of knowledge integration in collaborative product development：Evidence from the capital goods industry ［J］. Industrial Marketing Management, 2018, 75 (8)：146-159.

应链协同中获益。

其次，企业在供应链协同网络中的冲突管理能力有助于吸引合格的合作伙伴。潜在的合作伙伴公司建立合作关系的目的是获得内部不具备的补充资源（Eslami 等，2018），而这样的合作需要建立在长期稳定的关系中，才有利于发挥协同优势。当潜在的合作者评估焦点公司是否有能力为他们能够从中受益的合作努力做出贡献时，焦点公司的协同能力可以作为一个可验证的事前凭证。一般来说，企业的协同能力越强，企业的积极性和吸引力就越大，能够与质量更好的合作伙伴进行长期稳定的合作，从而使供应链协同的优势效应越强。

因此，本研究提出如下假设：

假设 H3：协同能力正向调节供应链协同与协同优势之间的关系。企业协同能力越强，供应链协同与协同优势的关系强度越大。

五、协同资源投入的调节作用

协同资源投入反映企业参与供应链协同的程度。Kanter（1994）将强有力的合作描述为：高度的承诺、众多的联合活动、重叠的操作和关系，这些都会导致彼此组织的变化。紧密的合作需要每一个合作企业投入时间和资源，具体表现为信息的开放共享、对新思维方式和做事方式的开放以及联合决策过程。供应链协同是企业与供应链上合作伙伴之间为了应对环境不确定变化所采取的联合行动。当不确定性变化发生时，企业与供应链合作伙伴是否会及时组建团队来进行应对，对发挥协同的优势效应至关重要。因此，强合作参与体现了合作各方在参与协同投入的程度，强合作参与可以使协同过程中资源投入更充足，从而使供应链对不确定性变化的应对更及时有效。一般来说，企业的协同资源投入越多，越能够快速有效地从供应链协同中获取信息优势和资源优势，从而使供应链协同的优势效应越强。

因此，本研究提出如下假设：

假设 H4：协同资源投入正向调节供应链协同与协同优势之间的关系。企业协同资源投入越强，供应链协同与协同优势的关系强度越大。

综上所述，为了探究供应链协同对协同优势所产生的作用，本研究以交易成本理论和资源基础观理论为基础，将供应链协同作为自变量，将协同优势作为因变量，同时考虑了企业与供应链上下游合作伙伴之间的邻近性、供应链企业的协同能力和协同资源投入在供应链协同和协同优势二者关系之间所起的调节作用。概念模型如图 4.1 所示。

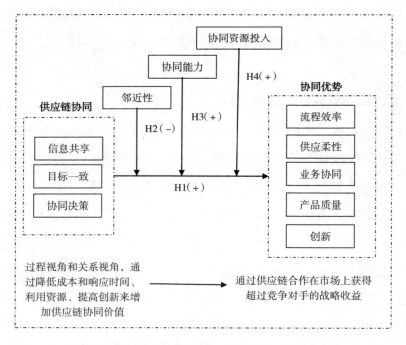

图 4.1 制造业集群供应链网络协同效应假设模型

第二节 研究方法

一、研究样本和数据来源

本研究采用问卷调查的方式，以制造业企业的员工作为调查对象，通过在线电子版问卷的形式，向企业发放了 465 份问卷。剔除无效问卷后，共回收 316 份有效问卷，问卷有效回收率 67.96%。样本对象集中在制造业，占总样本的 99.68%；以民营企业为主，占总样本的55.38%；员工规模在 300 人以上的企业占比达 58.54%。样本对象集中于管理层，具备管理职能的样本对象共占总样本的 67.09%。其以中层管理者为主，占总样本的 33.86%。具体如表 4-1 所示。

表 4-1　样本的描述性统计情况

项目	分类	数值	比例（%）
行业	制造业	315	99.68%
	租赁和商务服务业	1	0.32%
企业性质	民营	175	55.38%
	国有投资或控股	50	15.82%
	中外合资	26	8.23%
	外商独资	19	6.01%
员工规模（人）	50 人以下	13	4.11%
	50~300 人	118	37.34%
	300~1000 人	106	33.54%
	1000 人以上	79	25%

项目	分类	数值	比例（%）
所在部门	生产部门	94	29.75%
	产品研发部门	55	17.41%
	技术管理部门	55	17.41%
	采购、供应商管理部门	51	16.14%
	销售部门	26	8.2%
	行政部门	24	7.6%
	其他	6	1.9%
	发展规划部门	5	1.6%
工作职位	基层员工	104	32.91%
	一线主管	85	26.9%
	中层管理者	107	33.86%
	高层管理者	20	6.33%
工作年限	2年以下	21	6.65%
	2~5年	77	24.37%
	5~10年	151	47.78%
	10年以上	67	21.2%

二、变量测量

本研究在参考借鉴国内外相关研究的基础上，结合本研究关于制造业企业供应链协同对协同优势的影响问题，筛选出变量的测量结构。调查问卷的测量题项采用李克特5级量表的方式进行测量，其中1表示非常不同意，2表示不同意，3表示既不同意也不反对，4表示同意，5表示非常同意。如表4-2所示。

（一）供应链协同

供应链协同反映两个以上的供应链企业与供应链合作伙伴利用共同决策、信息及收益共享等手段来满足客户需求的过程。本研究借鉴 Cao 和 Zhang（2011）的研究，分别从信息共享、目标一致和协同决策这三个维度对供应链协同进行测量。具体包括 11 个题项，如"共享及时的信息""对供应链的目标达成共识""共同制定促销活动"。

（二）协同优势

协同优势反映企业参与供应链协同所能带来的优势。本研究借鉴 Cao 和 Zhang（2011）的研究，分别从流程效率、供应柔性、业务协同、产品质量和创新这五个维度对供应链的协同优势进行测量。具体包括 17 个题项，如"交货时间更准时了""可以快速提供个性化的定制产品和服务""整合了产品系统""提供高质量的产品""经常开发新产品"等。

（三）邻近性

邻近性反映企业与供应链合作伙伴在组织方面的相近性。本研究对邻近性的测量主要借鉴 Tuominen 等（2003）的研究，具体包括 3 个题项："拥有数量、水平相当的技术研发人员""拥有相似的企业文化""生产运作及管理形式较为相似"。

（四）协同能力

协同能力反映企业对供应链合作网络的管理能力。本研究借鉴 Guangping（2015）的研究，从企业处理供应链网络中的分歧和冲突的能力角度，对企业的协同能力进行测量。

（五）协同资源投入

协同资源投入反映企业参与协同的程度。本研究对协同资源投入借鉴了 Kanter（1994）创新资源投入的研究，从企业会与供应链合作伙伴及时组建团队来应对不确定性变化的角度，对协同资源投入进行测量。

表4-2　制造业集群供应链网络协同效应测量题项

变量	维度	编码	测量题项
供应链协同	信息共享	INS1	共享及时的信息
		INS2	分享精准的信息
		INS3	共享完整的信息
	目标一致	GOC1	对供应链的目标达成共识
		GOC2	对供应链合作的重要性达成共识
		GOC3	对供应链提升的重要性达成共识
		GOC4	对实现供应链目标有利于实现我们自己的目标达成共识
	协同决策	DES1	共同制定促销活动
		DES2	共同开发需求预测
		DES3	共同管理库存
		DES4	共同计划产品分类
协同优势	流程效率	PRE1	产品标准提高了
		PRE3	交货时间更准时了
		PRE4	库存水平更合理了
	供应柔性	OFF1	可以有效提供多样化产品和服务
		OFF2	可以快速提供个性化的定制产品和服务
		OFF3	可以有效地满足不同的客户数量要求
		OFF4	具有良好的客户响应能力
	业务协同	BUS1	整合了信息技术基础设施和资源
		BUS2	整合了知识库和专有技术
		BUS3	整合了产品系统
	产品质量	QUA1	提供高度信赖的产品
		QUA2	提供高度耐用的产品

续表

变量	维度	编码	测量题项
协同优势	产品质量	QUA3	提供高质量的产品
		QUA4	相互帮助来共同提高产品质量
	创新	INN1	经常进行创新
		INN2	经常开发新产品
		INN3	快速向市场推出新产品和服务
邻近性		SMI2	拥有数量、水平相当的技术研发人员
		SMI3	拥有相似的企业文化
		SMI4	生产运作及管理形式较为接近
协同能力		SAB5	能妥善处理合作网络中的分歧和冲突
协同资源投入		SRI3	会及时组建团队来应对不确定性变化

（六）控制变量

本研究将行业、企业性质、员工规模、所在部门、工作职位和工作年限作为控制变量，行业以制造业为主。企业性质分为 5 类：国有投资或控股企业、民营企业、中外合资企业、外商独资企业和其他。员工规模分为 4 档：50 人以下、50～300 人、300～1000 人和 1000 人以上。所在部门分为 8 类：采购和供应商管理部门、生产部门、产品研发部门、行政部门、销售部门、技术管理部门、发展规划部门和其他。工作职位分为 4 档：基层员工、一线主管、中层管理者和高层管理者。工作年限分为 4 档：2 年以下、2 年～5 年、5 年～10 年和 10 年以上。

三、共同方法偏差检验

由于本研究所用数据均来自被试者的自我报告，可能存在共同方法偏差。因此，本研究借助共同方法因子检验共同方法偏差。[1] 首先，构建验证性因子分析模型，模型拟合指数如下：$\chi^2/df = 2.127$，RMSEA = 0.060，CFI = 0.991，TLI = 0.986，RMR = 0.019。其次，基于原模型，再增加一个共同方法因子，使所有问卷条目除负载于所属构念因子外，还负载于方法因子。结果显示：$\chi^2/df = 1.919$，RMSEA = 0.054，CFI = 0.996，TLI = 0.989，RMR = 0.012。相较于原模型：$\Delta\chi^2/df = -0.208$，ΔRMSEA = -0.06，ΔCFI = 0.005，ΔTLI = 0.003，ΔRMR = -0.007。RMSEA 和 RMR 的降低幅度低于 0.007，CFI 和 TLI 提高幅度不超过 0.005。由此可见，加入共同方法因子并未明显改善各拟合指数，可认为本研究中的共同方法偏差不大。

第三节 实证结果分析

一、信度和效度分析

（一）供应链协同的信度和效度分析

本研究所采用的测量指标均来自已有研究成果，并结合制造业集群供应链协同的特征进行修正，一定程度上保证了变量的信度和效度。本研究采用 Cronbach's α 和 CR 系数对变量的信度进行检验，通过 KMO 值和 AVE 值进行效度检验，具体如表 4-3 所示。根据结果可得，供应链协同的三个维度变量，即信息共享、目标一致和协同决策的 Cronbach's

---

[1] 温忠麟，黄彬彬，汤丹丹. 问卷数据建模前传 [J]. 心理科学，2018，41（1）：204-210.

α系数值分别为0.848、0.916和0.827，均大于临界值0.700，其内部一致性较高。所有题项的因子载荷系数均显著且大于0.5。各变量CR值均高于0.7，说明测量具有较高的组合信度。各变量的AVE值均高于0.5，所以测量模型的整体聚敛效度较好。此外，如表4-4所示，供应链协同三维度的测量模型呈现出较好的适配度（$\chi^2/df = 2.697$；RMSEA $= 0.073$；CFI $= 0.972$；TLI $= 0.963$）。

表4-3 供应链协同各维度验证性因子分析

		Cronbach's α	标准化因子载荷	AVE	CR
信息共享	INS1		0.83		
	INS2	0.848	0.79	0.651	0.848
	INS3		0.8		
目标一致	GOC1		0.9		
	GOC2		0.85		
	GOC3	0.916	0.82	0.736	0.918
	GOC4		0.86		
协同决策	DES1		0.71		
	DES2		0.8		
	DES3	0.827	0.64	0.544	0.826
	DES4		0.79		

表4-4 供应链协同三个维度测量模型的拟合指标

χ^2	df	χ^2/df	CFI	IFI	TLI	RMSEA
109.798	41	2.697	0.972	0.972	0.963	0.073

但是，如图4.2所示，供应链协同三个维度，即信息共享、目标一致和协同决策这三个一阶因子之间的相关性均高于0.80。因此，对供应链协同的三个一阶因子进行了二阶因子模型处理。

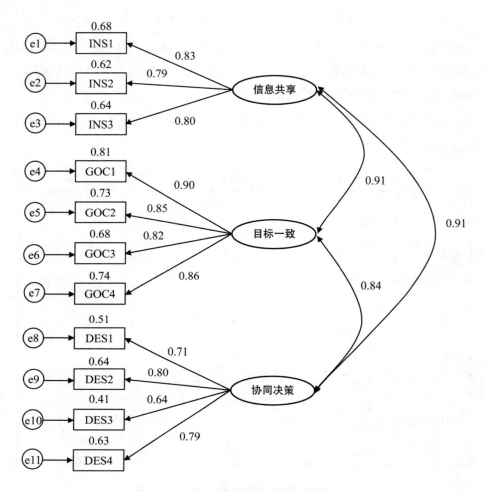

图 4.2 供应链协同三个维度的测量模型

如图 4.3 所示，在对供应链协同进行了二阶因子处理后，信息共享、目标一致和协同决策对供应链协同的因子载荷均高于 0.9。如表4-5 所示，供应链协同的二阶因子测量模型呈现出很好的模型拟合度（$X^2/df = 2.678$；RMSEA = 0.073；CFI = 0.972；TLI = 0.963）。

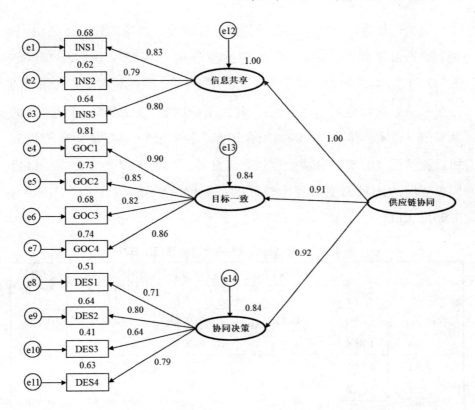

图4.3 供应链协同的二阶因子测量模型

表4-5 供应链协同的二阶因子测量模型的拟合指标

χ^2	df	χ^2/df	CFI	IFI	TLI	RMSEA
109.798	41	2.678	0.972	0.956	0.963	0.073

（二）协同优势的信度和效度分析

本研究所采用的测量指标均来自已有研究成果，并结合制造业集群供应链协同优势的特征进行修正，一定程度上保证了变量的信度和效度。本研究采用 Cronbach's α 和 CR 系数对变量的信度进行检验，通过 KMO 值和 AVE 值进行效度检验，具体如表4-6所示。根据结果可得，供应链协同优势的五个维度变量，即流程效率、供应柔性、业务协同、创新和产品质量的 Cronbach's α 系数值分别为 0.833、0.842、0.806、0.847 和 0.884，均大于临界值 0.700，其内部一致性较高。所有题项的因子载荷系数均显著且大于 0.7。各变量 CR 值均高于 0.8，大于 0.7 的临界值，说明测量具有较高的组合信度。各变量的 AVE 值均高于 0.5，所以测量模型的整体聚敛效度较好。此外，如表 4-7 所示，供应链协同三维度的测量模型呈现出较好的适配度（X^2/df = 2.178；RMSEA = 0.061；CFI = 0.967；TLI = 0.959）。

表 4-6　供应链协同优势各维度验证因子分析

		Cronbach's α	标准化因子载荷	AVE	CR
流程效率	PRE1		0.80		
	PRE3	0.833	0.81	0.625	0.833
	PRE4		0.76		
供应柔性	OFF1		0.77		
	OFF2	0.842	0.73	0.578	0.846
	OFF3		0.76		
	OFF4		0.78		
业务协同	BUS1		0.78		
	BUS2	0.806	0.70	0.579	0.805
	BUS3		0.8		
创新	INN1		0.83		
	INN2	0.847	0.79	0.651	0.848
	INN3		0.80		
产品质量	QUA1		0.85		
	QUA2	0.884	0.77	0.661	0.886
	QUA3		0.83		
	QUA4		0.80		

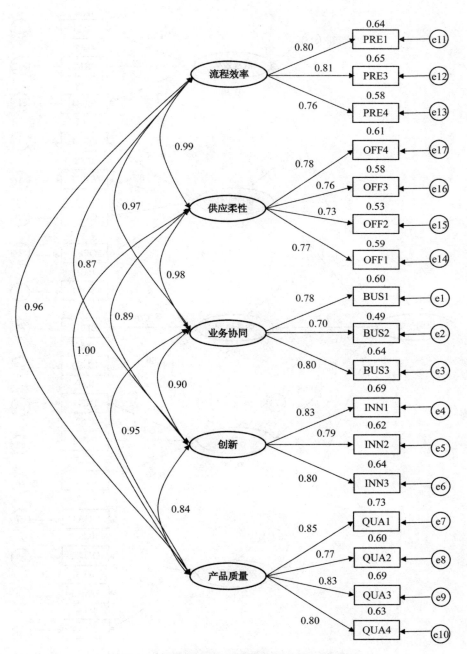

图 4.4　供应链协同优势各维度变量的测量模型

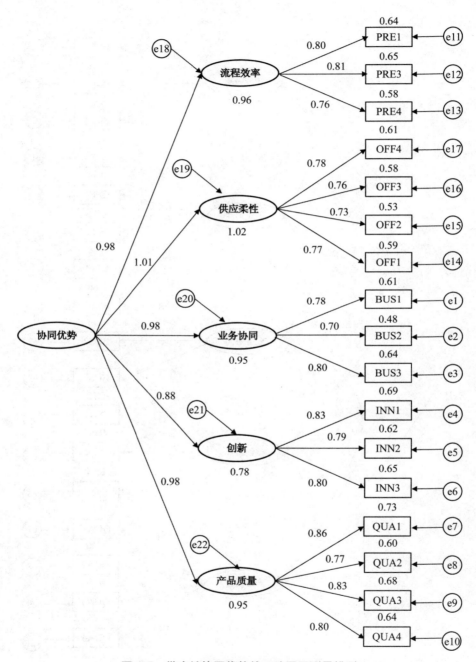

图 4.5 供应链协同优势的二阶因子测量模型

但是，如图 4.4 所示，协同优势的五个维度，即流程效率、供应柔性、业务协同、创新和产品质量这五个一阶因子之间的相关性均高于0.80。因此，本章对系统优势的五个一阶因子进行了二阶因子处理。

表 4-7　供应链协同优势各维度变量测量模型的拟合指标

χ^2	df	χ^2/df	CFI	IFI	TLI	RMSEA
237.418	109	2.178	0.967	0.967	0.959	0.061

如图 4.5 所示，在对协同优势进行了二阶因子处理后，流程效率、供应柔性、业务协同、创新和产品质量对协同优势的因子载荷最低为0.88。如表 4-8 所示，供应链协同的二阶因子测量模型呈现出很好的模型拟合度（$\chi^2/df = 2.178$；RMSEA = 0.061；CFI = 0.966；TLI = 0.959）。

表 4-8　供应链协同优势二阶因子测量模型的拟合指标

χ^2	df	χ^2/df	CFI	NFI	TLI	RMSEA
248.253	114	2.178	0.966	0.939	0.959	0.061

二、相关性分析

为检验各变量之间的相关性，本研究运用 SPSS23.0 软件对各变量间的平均值、标准差及 Pearson 相关系数进行计算。结果如表 4-9 所示，供应链协同的三个维度变量两两之间均显著相关且相关系数高于 0.7，说明供应链协同适合做二阶因子分析。协同优势的五个维度变量两两之间均显著相关，且相关系数高于 0.7，说明协同优势适合做二阶因子分析。供应链协同与协同优势显著正相关（$r = 0.624$，$p < 0.001$）。这为后续假设检验提供了初步支持。

表4-9　各变量均值、标准差及变量间相关系数

	均值	标准差	1	2	3	4	5	6	7	8	9	10	11	12	13	14	15	16	17	18	19
1.行业	1.010	0.169	1																		
2.企业性质	2.741	1.018	-0.096	1																	
3.员工规模	2.794	0.865	0.079	-0.147**	1																
4.所在部门	3.301	1.888	0.111*	-0.091	-0.046	1															
5.工作职位	2.136	0.951	-0.008	-0.052	0.038	0.064	1														
6.工作年限	2.835	0.835	0.011	0.043	0.208***	-.007	0.480***	1													
7.信息共享	2.495	1.013	-0.009	0.118*	-0.013	-0.063	-0.070	0.010	1												
8.目标一致	2.271	1.051	-0.015	0.067	0.017	-0.080	0.029	0.073	0.804***	1											
9.协同决策	2.608	0.976	-0.064	0.034	-0.033	-0.026	-0.042	0.014	0.764***	0.729***	1										
10.供应链协同	2.458	0.931	-0.031	0.080	-0.010	-0.062	-0.029	0.036	0.932***	0.923***	0.901***	1									
12.协同能力	3.899	0.845	0.007	0.032	0.076	-0.118*	0.112*	0.098	-0.048	0.008	-0.125*	-0.058	0.195***	1							
13.协同资源投入	4.003	0.807	0.000	-0.061	0.119*	-0.134*	0.082	0.071	-0.084	-0.009	-0.126*	-0.078	0.259***	0.303***	1						
14.流程效率	2.106	0.895	-0.028	-0.008	-0.029	-0.043	-0.022	-0.019	0.496***	0.539***	0.490***	0.554***	-0.223***	-0.088	-0.090	1					
15.供应柔性	2.077	0.843	-0.039	0.016	-0.048	-0.117*	-0.015	-0.038	0.524***	0.562	0.516***	0.582***	-0.176***	-0.022	-0.005	0.821***	1				
16.业务协同	2.204	0.903	-0.034	-0.037	-0.056	-0.032	0.000	0.015	0.528***	0.554***	0.54***	0.590***	-0.271***	-0.066	-0.098	0.784***	0.795***	1			
17.产品质量	2.003	0.909	-0.031	-0.021	-0.020	-0.065	0.011	0.020	0.535***	0.581***	0.517***	0.593***	-0.175***	-0.061	-0.062	0.817***	0.869***	0.792***	1		
18.创新	2.175	0.953	-0.050	-0.009	-0.025	-0.074	-0.052	0.010	0.473***	0.451***	0.508***	0.519***	-0.319***	-0.099	-0.075	0.731***	0.752***	0.745***	0.729***	1	
19.协同优势	2.113	0.818	-0.040	-0.013	-0.039	-0.072	-0.018	-0.002	0.562***	0.590***	0.567***	0.624***	-0.258***	-0.075	-0.074	0.913***	0.929***	0.906***	0.924***	0.874***	1

注：* $p < 0.05$，** $p < 0.01$，*** $p < 0.001$。

三、结构方程模型检验

本章利用 AMOS 软件在完全模型的基础上，对供应链协同的三个维度和协同优势的五个维度进行了数据打包。接着对样本数据与结构方程模型的适配度进行检验。模型适配度检验结果如表 4-10 所示，卡方自由度比为 2.127，小于 3 的临界值；CFI 值为 0.991，大于 0.95 的临界值；IFI 值为 0.961，大于 0.95 的临界值；TLI 值为 0.986，大于 0.95 的临界值；RMSEA 值为 0.060，达到 0.06 的标准，各项指标均符合标准，表示假设模型与观察数据具备良好的适配度，假设模型得到支持。

表 4-10　供应链协同效应结构方程模型拟合指标

χ^2	df	χ^2/df	CFI	NFI	TLI	RMSEA
40.412	19	2.127	0.991	0.983	0.986	0.060

其次，本章对供应链协同效应的结构方程模型进行了路径分析，探讨供应链协同对协同优势的影响，以此来检验本研究提出的假设 H1。路径系数为采用最大似然法所估计的标准化回归系数，临界比值等于参数

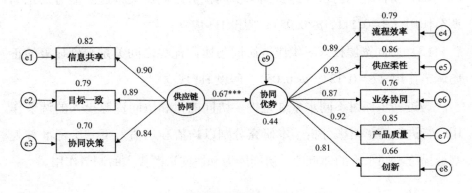

图 4.6　供应链协同效应的结构方程模型

估计值与估计值标准误的比值，相当于 t 检验值。如果临界比值绝对值大于 1.96，则参数估计值达到 0.05 显著水平；如果临界比值绝对值大于 2.58，则参数估计值达到 0.01 显著水平。本研究结构模型路径分析结果如图 4.6 所示。供应链协同对协同优势的标准化路径系数为 0.67，$p<0.001$，说明供应链协同对协同优势具有显著的正向影响，假设 H1 成立。

四、调节效应检验

本研究运用 SPSS 宏程序 Process V2.16.3、Bootstrap 方法检验邻近性、协同能力和协同资源投入的调节效应。本研究在分析前对涉及变量进行中心化处理，且对交互项进行标准化处理。在控制行业、企业性质、员工规模、所在部门、工作职位、工作年限等变量后，得到在不同水平的邻近性、协同能力和协同资源投入情况下，供应链协同对协同优势的直接效应，经过 Bootstrap 方法分析的结果如表 4-11 所示：

（1）邻近性对供应链协同与协同优势之间的关系起到显著的负向调节作用（$\beta=-0.256$，$p<0.001$），假设 H2 成立；

（2）协同能力对供应链协同与协同优势之间的关系起到显著的正向调节作用（$\beta=0.111$，$p<0.05$），假设 H3 成立；

（3）协同资源投入对供应链协同与协同优势之间关系起到显著的正向调节作用（$\beta=0.127$，$p<0.05$），假设 H4 成立。

为进一步探讨不同水平邻近性、协同能力和协同资源投入的调节作用，特进行简单斜率分析。本研究分别以均值和均值上下一个标准差为基准描绘不同水平的邻近性、协同能力和协同资源投入的调节作用。

表4-11 调节效应检验

	调节变量1:邻近性				调节变量2:协同能力				调节变量3:协同资源投入			
	β	标准误	t	p	β	标准误	t	p	β	标准误	t	p
常数	2.573	0.282	9.136	0	2.565	0.299	8.575	0	2.543	0.298	8.528	0
供应链协同	0.584	0.039	15.087	0	0.512	0.043	11.842	0	0.508	0.043	11.812	0
邻近性	-0.13	0.047	-2.768	0.006								
供应链协同×邻近性	-0.256	0.048	-5.38	0								
协同能力					-0.048	0.044	-1.103	0.271				
供应链协同×协同能力					0.111	0.055	2	0.046				
协同资源投入									-0.052	0.047	-1.123	0.262
供应链协同×协同资源投入									0.127	0.056	2.259	0.025
R2	0.473				0.407				0.408			
调整R2	0.05				0.008				0.01			
F值	28.941***				3.999*				5.102*			

注：* $p<0.05$，** $p<0.01$，*** $p<0.001$。

从图4.7可以看出，企业与供应链合作伙伴的邻近性越小，供应链协同所产生的协同优势越强；反之，企业与供应链合作伙伴的邻近性越大，供应链协同所产生的协同优势越弱。假设 H2 得到进一步验证。

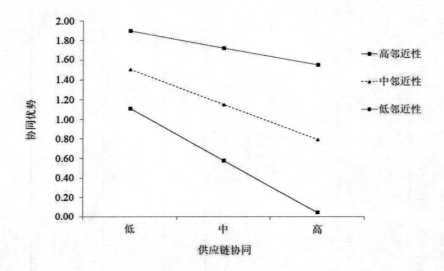

图 4.7　邻近性对供应链协同与协同优势间关系的调节作用

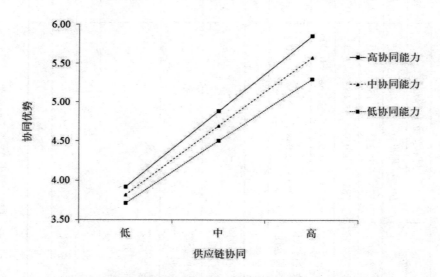

图 4.8　协同能力对供应链协同与协同优势间关系的调节作用

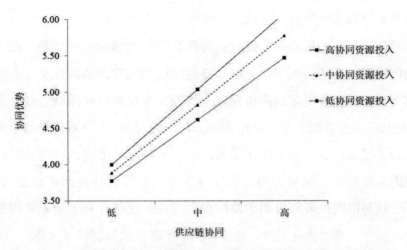

图 4.9 协同资源投入对供应链协同与协同优势间关系的调节作用

从图 4.8 可以看出,企业在供应链网络中的协同能力越强,供应链协同对协同优势的正向作用越强;反之,协同能力越弱,供应链协同对协同优势的正向作用越弱。假设 H3 得到进一步验证。

从图 4.9 可以看出,企业协同资源投入越大,供应链协同对协同优势的正向作用越强;反之,企业协同资源投入越小,供应链协同对协同优势的正向作用越弱。假设 H4 得到进一步验证。

第四节 实证结论与启示

一、研究结论

本章探讨供应链协同对协同优势的影响以及邻近性、协同能力和协同资源投入对二者关系的调节作用,并结合我国制造业企业的 316 份问卷调查数据进行实证分析，得到以下结论。

首先，研究结果表明，供应链协同显著正向影响协同优势。现有对供应链协同效应的研究中，忽略了通过协同而实现的协同优势。而既往研究中，协同优势更多地停留在概念层面。本章基于我国制造业企业的316份问卷调查数据，对 Cao 和 Zhang（2011）所提出协同优势的量表结构进行了实证检验，从操作化层面，进一步补充了供应链协同及其协同效应的实证依据。结果表明，供应链企业与合作伙伴之间在信息共享、目标一致和协同决策等方面的协同程度越高，就越有利于企业获得更高水平的流程效率、供应柔性、业务协同、产品质量和创新等优势。

其次，本章强调不同水平邻近性、协同能力和协同资源投入的企业在供应链协同中所获得的协同优势有所差别，进一步细化了供应链协同与协同优势之间的关系，为供应链协同效应的情景变量研究提供了实证基础和方向。研究结果表明，邻近性对供应链协同与协同优势之间的关系起到显著的负向调节作用。换言之，企业与供应链合作伙伴在研发能力、企业文化和生产运作及管理方式上的差异性越大，则在供应链协同中取得优势互补的可能性越大，从而更有利于企业获得更强的协同优势。

研究结果也表明，协同能力对供应链协同与协同优势之间的关系起到显著的正向调节作用。换言之，企业在制造业集群供应链网络中处理分歧和冲突的能力越强，就越有可能在供应链协同中获得更强的协同优势。这种协同优势一方面来自企业自身的积极参与，有利于企业在供应链网络中获得更多的信息优势和资源优势；另一方面来自潜在合作伙伴，企业的协同能力越强，企业的积极性和吸引力就越大，就越能够吸引更优质的合作伙伴并与之建立长期稳定的合作关系，从而使企业在供应链协同中获得更强的协同优势。

研究结果还表明，协同资源投入对供应链协同与协同优势之间的关系起到显著的正向调节作用。一般来说，企业参与供应链协同是为了寻求外部合作伙伴的互补资源，以应对市场的不确定变化，本研究中协同资源投入的调节效应也得到了证实。面对市场不确定变化时，企业与合作伙伴及时组建团队的应对行动越迅速，就越能快速地对市场变化做出有效反应。企业的协同资源投入越多，就越能够快速有效地从供应链协同中获取信息优势和资源优势，从而使供应链协同的优势效应越强。

二、管理启示

本研究可以为企业强化供应链协同优势提供参考思路，具体管理启示如下。

（一）鼓励企业推进全链条的供应链协同制造

研究结果显示，供应链协同有利于为企业带来流程、柔性、业务、创新和产品质量等方面的协同优势。因此制造企业应完善从研发设计、生产制造到售后服务的全链条供应链体系。推动供应链上下游企业实现协同采购、协同制造、协同物流，促进大中小企业专业化分工协作，快速响应客户需求，缩短生产周期和新品上市时间，降低生产经营和交易成本。鼓励相关企业向供应链上游拓展协同研发、众包设计、解决方案等专业服务，向供应链下游延伸远程诊断、维护检修、仓储物流、技术培训、融资租赁、消费信贷等增值服务，推动制造供应链向产业服务供应链转型，提升制造产业价值链。

（二）鼓励企业寻求互补型的供应链合作伙伴

研究结果显示，供应链合作伙伴间越相似，越容易削弱供应链协同所带来的优势。寻求和选择具备互补优势的合作伙伴，建立起稳固的战略合作伙伴关系就显得尤为重要。高效的供应链运营要求企业之间实现相互信任、信息共享、优势互补、协同管理，其目标是实现供应链上共同利益最大化。因此，应该鼓励企业提升与供应链上合作伙伴的协作关系层次，结成优势互补、风险共担、力求"双赢"的战略型合作伙伴关系。

（三）鼓励企业重视组织层的供应链协同行为

研究结果显示，供应链合作伙伴间越能从组织层面对不确定性变化做出快速反应，就越有利于强化协同所带来的优势。因此，应该鼓励企业从组织层面加强与合作伙伴在应对市场不确定性变化的协同。鼓励流通企业与生产企业合作，建设供应链协同平台，准确及时传导需求信息，实现需求、库存和物流信息的实时共享，引导生产端优化配置生产资源，加速技术和产品创新，按需组织生产，合理安排库存。

第五章

集群供应链网络协同机理

第一节　集群供应链网络的竞合协同机理

　　集群供应链网络组织中的企业在运作过程中始终处于竞争和合作的氛围，不管是针对竞争对手还是上下游的合作伙伴，都同时存在着竞争和合作的关系，是一种竞争性的合作，或是一种合作性的竞争，这种竞合协同关系是推动集群企业发展的潜在动力和源泉，对集群供应链网络的健康发展作用显著。在集群供应链中各个单元个体之间存在着在物流、资金和信息等方面的相互流动。竞合与互动协同共同支撑着集群供应链网络的正常运转。

　　集群供应链网络作为一种新兴的组织运作系统，自身的结构特征和运作特点，决定了其竞合协同关系不同于一般的单个企业，不同于单链供应链的竞合协同关系。在集群供应链中的企业，不仅在单链式供应链内部相互竞合协同，而且存在着跨链间的动态竞合协同关系。集群供应链作为一种新的高效运作的组织系统，不仅包含"上游企业原材料供给—核心企业的关键部件生产制造—下游企业的销售服务"等整条产品链相关联的企业群，还包括一些为供应链系统提供协助服务的辅助机构，如政府部门、金融机构、中介机构、行业协会、高校和科研院所等。这些机构和组织与上下游企业群融合渗透在一起，形成了一个具有强大生命力的网络供应链系统。本研究认为集群供应链网络中的竞合协同是多要素、多层面的竞合协同，主要包括核心网络中的竞合协同、支持网络中的竞合协同、集群供应链核心网络与支持网络的竞合协同。

一、集群供应链核心网络中的竞合协同

集群供应链核心网络中的竞合协同可以从水平网络和垂直网络两个维度进行分析。水平网络中，不同企业处于供应链的不同环节，它们之间是一种分工协作关系，是原材料、机器设备、相应服务，以及人力资源的供需关系，而与此同时，在供需过程中，上下游企业间存在讨价还价的竞争关系。垂直网络中，处于集群供应链同一节点的若干横向企业为了及时、主动地响应千变万化的技术和市场需求，为了争夺产品链上、下环节的资源，为了取得目标供应链中的一席之地，它们就要进行竞争，但这并不意味着它们没有合作的必要。当某项创新不可能单干成功时，面对诱人的市场机遇，面对技术与资源的有限性，合作将成为它们明智的选择。

核心网络中的竞合协同是集群供应链网络协同的主要表达形式，这种竞合协同存在于核心网络中所有的企业间，具体包括了单链上企业间的竞合协同、平行链企业间的竞合协同及交叉链企业间的竞合协同。

（一）单链上企业间的竞合协同

处于同一供应链的不同节点位置的企业，一方面三者相互合作获

得彼此需要的收益，另一方面三者间交易的价格博弈也体现了它们间的竞争方式。由于单个供应链上核心企业的要求压力，供应链上和非供应链上的企业就面临相同环节或链节对手企业的竞争，因为核心企业在进行基于单链供应链合作时，对其合作企业都有着一定的要求标准，达不到标准的企业将被核心企业所剔除。所以为了达到所规定的标准，单个企业不得不提高自己的核心能力，这种核心能力的提高，就是核心企业和集群地域中对手在相互竞争中一种自然选择的结果。

除了竞争外，供应链是靠核心企业与上下游供应商的合作关系及核心企业与下游分销商、零售商和顾客间的合作关系来共同维持的。供应链上各节点企业之间的联结和合作，具体表现在单链上的企业为了一个共同的市场需求而进行生产和销售活动及各方面关系的协调。

（二）平行链企业间的竞合协同

集群供应链网络中多个单链供应链是同时平行存在的，由于处于产业集群地域中从事相同产品品类的生产，平行供应链间相互面对面的竞争就在所难免。供应链有时候为了争夺一个订单，会分别作为两个利益联盟进行竞争。而且这种竞争要比在非集群地域中两个供应链之间的竞争激烈得多、直接得多。顾客可以在其他条件一致的前提下，直接比较两个供应链的交货期、产品质量、价格和服务水平。所以集群供应链中单链供应链在面对被直接比较时，其优势和劣势一览无遗，这种比较其实无形中加剧了单链供应链之间整体实力的竞争。

平行链企业间也存在合作的可能，有时候协作生产能给企业带来更大的收益，比如某链企业由于生产能力的限制一时不能独立完成订单任务，但为了保全自身利益，也不得不求助于平行链上处于同一位置的企业。在很多产业集群内，企业之间开展合作和技术联盟的现象日益普遍。这种合作不但可以分担某些领域内巨额的开发费用，还可以达到知识共享、人力资源和技术优势互补的协同效应，从而维持客户关系，维护供应链的完整性。

（三）交叉链企业间的竞合协同

集群供应链网络中不仅存在着平行链的竞合协同，更多的是链与链间的交叉竞争和合作。群内企业集聚在一起，各个链上企业间相互比较，很容易形成对产品价格、质量、产品差异化的评价尺度，因此企业间维持着跨链交叉竞合协同的关系。事实上，交叉链上的企业存在更加激烈的竞争，因为每个企业面临更多的竞争对手，企业可以根据自身的实际情况，选择更加适合自己的合作伙伴，通过多种资源共享，并将这些资源在供应链的各个环节进行配置和协调，使各种资源要素（特别是知识、技术等高级要素）能够合理流动和最优组合，从而保持集群持续的创新和竞争能力。

二、集群供应链支持网络中的竞合协同

集群供应链支持网络涵盖了服务供应链中所有的企业，还包括地方政府、行业协会等具有管理职能的服务组织。服务供应链中的企业以服务核心网络中企业获利求生存，为获得企业资源，他们要开展一系列竞争，也存在着资源和信息的交流与共享。比如一些研讨会、交流会，都是为了更好地交流经验，互相学习而举办的。支持网络中的同类机构，如物流企业之间、会计师事务所之间的竞合协同以竞争为主，也包含合作；而支持网络中的非同类机构，如物流企业与会计师事务所之间的竞合协同则以合作为主，兼有竞争。

政府机构与行业协会等主体在集群供应链网络治理权责分配上同样

存在竞合协同，其竞争或合作可能性的大小根据集群区域内市场经济发展充分程度的不同而不同。一般而言，市场经济发展较为充分的地区，行业协会主导协同，市场经济发展不充分的地区，政府机构在竞合协同活动中起相对主导作用。

三、集群供应链核心网络与支持网络的竞合协同

集群供应链核心网络与支持网络间同样存在竞合协同，它们间的竞合协同以核心网络中的生产企业和支持网络中的服务企业间的讨价还价、组建联盟等竞合协同方式表现出来。当核心网络集团或支持网络集团中的一方获利低于自身期望时，将会选择不合作态度或提出继续谈判要求，以保证子集团利益。不同网络间的企业竞合协同或子集团间竞合协同也能直接影响集群供应链网络中的生产效率、市场供给有效性、资金使用效率等。

第二节　集群供应链网络的互动协同机理

集群供应链网络内除了存在各种竞合形式外，企业间还存在着广泛的互动。集群供应链的核心网络中，供应企业群与制造企业群之间、制造企业群与顾客群之间都存在物流、资金流和信息流的互动；支持网络中辅助性的企业和机构与核心网络中的企业之间存在物流、资金流的互动；当然，集群外围网络中的企业和集群供应链网络中的企业之间还存在信息流的互动。这种互动使得集群供应链网络的企业中工人生产熟练程度提高、集群内单元企业的运营管理方式改善、机器设备改进、市场

信息传递速率和效率得到持续改进。

一、集群供应链网络的物流互动协同

集群供应链网络中的物流在经过供应链的每一个环节时，是从上游企业向下游企业连续快速进行的。虽然在集群供应链中各个企业分工较为精细，但这些企业都是基于本地集中的，在第三方物流企业、第四方物流企业的专业化组织和实施下，这种基于供应链的自上而下的正向物流和自下而上的逆向物流，并存于集群供应链网络中，形成互动关系，便于对正逆向物流的集中处理，达到规模效应，促使集群供应链更具效率。

二、集群供应链网络的资金流互动协同

集群供应链中各个企业以自有的联结方式组成利益共同体，集群供应链中企业合作关系在本地经济中的根植，减小了资金融通方面的障碍。集群供应链网络中特有的金融机构发挥了其资金借贷作用，保证了资金流在网络中的流动；集群供应链网络中的这些企业对资金的利用率很高，资金在供应链上的企业间相互流动，且流动速度较快。某些时候存在上游企业借用下游企业资金，下游企业赊销上游企业物料的情况，资金互动性强保证了集群供应链中企业的弹性专精和抗风险能力。

三、集群供应链网络的信息流互动协同

集群供应链系统中企业在空间上的特殊性和业务上的关联性，使得市场需求、生产工艺等信息改变了原来的点对点式溢出方式，取而代之的是一种面对面的交互，从而使信息在集群供应链系统的每一个单元企

业中以较短的时间双向传播。因为人员频繁流动、产业和业务的相关性以及地域的有限性，保证了集群供应链系统中各市场主体的信息趋于对称，达到完全竞争或垄断竞争时的市场效率，降低了企业间的信息搜索和交易成本。集群供应链网络运作是基于市场需求信息的驱动，单个供应链上各个链节的企业以及辅助企业将信息自下而上传递给各个企业，而各个企业对市场信息做出反应的同时将各自产能、技术和设备等企业内部的实际生产信息自上而下传到下游企业进行综合平衡。不仅在单个供应链中存在信息传递，在链与链之间也存在信息的互动。比如单个供应链在应急条件下，急需满足客户的即时订货要求时，可以通过跨链间的信息互通，将其他供应链上同种品质库存的产品拿来进行应急处理，这就需要链与链之间信息的互动，否则将难以满足这种特殊订单的交货要求。

第六章

集群供应链网络协同运作模式

供应链协同管理主要指为实现整个供应链价值最大化，利用协同技术进行信息共享，建立协同机制，从整体上协调供应链企业内外部的资源供给和需求，从而提高供应链的整体竞争力。[①] 供应链的企业主要有三个层面的协同。第一，战略层次的协同。在协同管理思想的前提下，制订供应链运行的最优方案，调动供应链上的关键要素建立协同机制，为企业提供投资规划、信息共享、资源集成等服务，并对预期的协同价值收益进行定性或定量的建模分析，同时也是最高层次的协同，为接下来的策略层协同和技术层协同提供了协同的深度和广度。第二，策略层协同。主要是上下游企业之间的协同，在供需关系的基础上，进行需求、采购、设计制造、分销和配送的协同，同时共同承担风险，合理分配收益。第三，技术层协同。通过利用工作流管理技术、多智能体技术和应用软件技术等技术构建信息平台，建立信息协同技术网络，实现供应链的信息传输和同步运作，统一物流工具器械标准，这也是制造业集群供应链企业协同的基础和关键环节。

---

① 黎继子，蔡根女. 价值链/供应链视角下的集群研究新进展 [J]. 外国经济与管理，2004（07）：8-11，44.

集群供应链网络协同具有供应链管理智能化、敏捷化协同以及供应链协同多位网络化等特征。第一，供应链管理智能化。供应链合作主要建立在供应链信息系统的数据流基础上，通过供应链主体的信息共享，整合供应链主体间的关系及其集成信息库赋予供应链"智能"的特性，同步供应链主体的生产计划、营销计划和物流计划等，满足客户的及时性和多样性需求，借助系统性的反应计划提升主体对市场的反应速度。第二，敏捷化协同。以协同网络技术为依托，建立快速重构的动态联盟，通过柔性生产、快速制造、保质保量的协作体系增强供应链主体适应个性化客户需求的能力，快速反馈客户需求，缩短交货周期，为"多赢"的目标提供条件。第三，供应链协同多为网络化。网络化的前提是若干企业利用网络技术建立协作的网络结构来满足特定的消费者需求，囊括所有参与的节点企业，并整合其优势资源进行协同开发和生产，涉及产业链上的上下游企业以及产业链外的相关企业，以此加快产品推出到市场的速度，提升供应链的整体竞争力。供应链管理达到上述要求，产业集群才能发展，单靠某一个企业供应链管理优化很难奏效。如果没有众多集群企业供应链管理系统的高度协同，就很难实现低成本与高效率的统一，集群的竞争优势将大受影响。

供应链协同要求供应链中各节点企业为了提高供应链的整体竞争力，而进行彼此协调和相互努力。各节点企业通过公司协议或联合组织等方式结成一种协同网络式联合体，成员在信任、承诺和弹性协议的基础上进行合作，供应商、制造商、分销商和客户以信息的自由交流、知识创新成果的共享、相互信任、协同决策、无缝连接的生产流程和共同的战略目标为基础，动态地共享信息，紧密协作，向着共同的目标发展。相比传统的供应链管理，集群供应链网络协同模式的优势表现在以下方面。首先，不再孤立地看待各个企业及部门，而是考虑所有相关的内外联系，实现"你中有我，我中有你"，并把整个产业集群内的供应链管理看成是一个有机的整体。其次，各节点企业在信息共享的基础上，以提高整体供应链的最大效益为目标，进行相互沟通后协同决策。协同化决策不仅摆脱了各节点企业单纯以自身利益最大化为目标，分散地进行决策所造成的供应链整体绩效低下，也克服了传统集成式供应链管理中，由单一的决策制定者来制定决策的理想化管理所带来的诸多障碍。再次，各节点企业的构成框架及其运行规则主要是基于最终客户的需求和整个价值链的增值。最后，各合作伙伴建立新型的相互信任、同步和团结，能提高整个供应链的柔性和实现整个供应链价值的最优。本章将从集群供应链网络内企业的生产协同、市场协同、资源协同、创新协同和服务协同来介绍制造业集群供应链网络协同运作模式。

第一节　集群供应链网络企业生产协同的有序竞合模式

集群式供应链网络中的企业广泛分布于基本产业、辅助产业和附属产业等多个相关产业，集群本身的产业相关性和地域邻近性使得企业的竞合关系也存在于每个行业和每个环节中。M. E. Porter 将产业结构中的竞争力分为五种：现有竞争对手、替代产品（服务）的威胁、新进入者、买方侃价能力和供方侃价能力。在五力竞争模型的基础上，这里将集群式供应链的竞合对象划分为参照企业（核心企业）、竞争对手、替代品生产者、潜在进入者、上游合作企业、下游合作企业和链外辅助企业七类①，具体如图 6.1 所示。在集群的环境中，这七种竞合对象相

---

① 熊伟清，魏平. 基于多 Agent 供应链网络企业竞合关系演化分析 [J]. 系统科学与数学，2015，35（7）：779-787.

互合作和相互竞争的关系客观上促进了整个集群式供应链的合作生产效率的提升，同时也打造了产业集群的竞争优势。

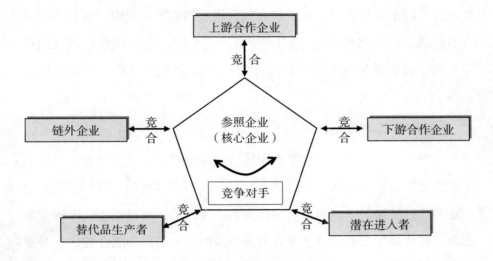

图 6.1　集群式供应链的生产竞合模式

一、集群式供应链的竞合主体

（一）参照企业

集群式供应链中的参照企业主要是指作为参照标准的某个特定企业，既可以是集群式供应链中单链供应链上的其他企业或链外企业，也可以是集群式供应链中的核心主导企业，本章的参照企业主要是指后者。作为集群式供应链网络运作的中心，核心主导企业的业务变动会显著影响和支配其他企业的合作和竞争。

（二）竞争对手

集群式供应链中的竞争对手主要是相对于参照企业而言的，其产品结构和性能技术与参照企业存在一定程度的相似性或同质性，两者主要在邻近的地域范围内围绕同一市场开展最直接和最激烈的竞争，是一种此消彼长的全方位竞争关系。但在这种激烈的竞争关系中，两者不会选择直接的价格"肉搏战"，而是在多轮的竞争中逐渐形成相对理性的竞争方式，例如服务制胜、差异化经营、定制化生产或者供应链合作方式等。

（三）替代品生产者

参照企业的另外一个竞争者则是替代品生产者。替代品生产者的竞争主要发生在参照企业的产品供不应求，或者在替代品性价比超过参照企业的产品的情况下，消费者会转向购买替代品，对参照企业形成竞争压力。替代品生产者的竞争压力主要分为四个方面：功能性替代、服务性替代、价格替代和质量替代。其中，功能性替代主要指两者产品的功能接近，参照产品供不应求时会出现；服务性替代主要指替代品的服务更优；价格替代主要指替代品价格低于参照产品，更易吸引价格敏感的消费者；质量替代指替代品质量优于参照产品，更易吸引偏向质量的消费者。

（四）潜在进入者

在产业集群所形成的范围经济和规模经济的吸引力下，潜在进入者会选择在集群式供应链的不同阶段进入。在成长期，潜在进入者通过吸引投资、引进技术、更新设备，就会给参照企业形成竞争压力；在成熟期，潜在进入者采用不同的竞争策略，例如低成本策略或差异化经营，将会加剧参照企业的竞争环境。在集群式供应链的成熟期，一方面，国内其他区域的同业竞争对手会进行加盟，对集群式供应链地域的核心企业形成竞争压力；另一方面，全球价值链中的国外竞争对手带着核心竞争力入驻则会给核心企业带来全方位的冲击。

（五）上游合作企业

作为集群式供应链的原材料和零部件提供商，上游合作企业和参照企业通常处于同一单链式供应链上，位于同一产业集聚地域内。出于上下游业务的需求，上游合作企业与参照企业的竞争性主要来源于其与竞争对手、替代品生产者和潜在进入者之间的合作议价能力。

（六）下游合作企业

作为批发和零售的企业，下游合作企业主要集中于集群地域的专业市场内。一方面，下游合作企业为集群供应链中的参照企业提供销售渠道和寻找销售市场，另一方面，参照企业可以通过下游合作企业了解市场信息，增强其响应市场变化和满足消费者需求的能力。

（七）链外辅助企业

链外辅助企业主要为参照企业的正常运作提供辅助功能，存在于集群式供应链之中，但不属于单链式供应链中的一部分。链外辅助企业是将参照企业的内部服务辅助业务剥离出来进行专业化经营的产物，是劳动分工细化的结果，是参照企业在精细化生产、标准化生产和弹性生产中必不可少的合作者。

这几种竞合对象的关系中竞争和合作的比重有所不同，其中，与参照企业竞争成分大于合作成分的竞合对象主要有竞争对手、替代品生产者、潜在进入者；与参照企业合作成分大于竞争成分的竞合对象主要有上游合作企业、下游合作企业和链外辅助企业。

二、集群式供应链的竞合模式

集群式供应链中的竞合模式主要分为单链式供应链的竞合、单链式供应链的跨链间竞合以及复杂产品供应链的竞合模式三种。在前两种的竞合模式中，竞合对象在竞合过程中会表现出不同的竞合范围、关系、程度和层次，具体如图 6.2 所示。

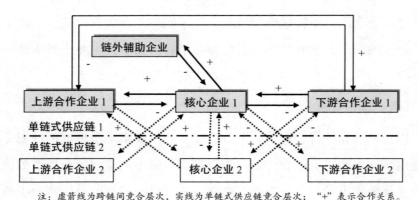

注：虚箭线为跨链间竞合层次，实线为单链式供应链竞合层次；"+"表示合作关系。

图 6.2 集群式供应链的竞合层次和关系

（一）单链式供应链的竞合模式

单链式供应链的竞合模式主要以参照企业为中心，分析同一供应链上参照企业与其他企业（包括上游合作企业、下游合作企业，以及非单链上的外部辅助企业）的合作与竞争关系，是最基本的竞合关系，主要涉及单链式供应链的竞合层次，也是一种纵向的竞合关系。[①]

第一，上游合作企业与参照企业的竞合关系。一方面，在合作层次上，参照企业主要从供应链上游企业采购原材料和零部件。上游合作企业按照核心主导企业所提出的标准（质量、数量、时间、价格等）为其提供所需物料；或者与其共享物流信息，以此提高物流运营效率，降

① 赵广华. 产业集群供应链协同管理体系构建 [J]. 科技进步与对策，2010，27（18）：53–56.

低物流成本；在更深层次的合作关系上，上游企业与参照企业达成技术合作协议，帮助其改进产品，增强竞争力。另一方面，在竞争层次上，为获取更多利益，通常上游合作企业会优先选择能够提供更好条件的参照企业作为合作伙伴，例如，更有弹性的交货时间、更高的价格或者更为宽松的付款方式都会成为上游合作企业的首选。同样地，参照企业为了最大化自身利益，在和上游合作企业的合作过程中，会借助自身核心主导企业的优势，通常会对上游合作企业提出即时生产交货或更低价格的要求来施加压力。当两者的需求无法达到平衡状态时，就会出现博弈竞争，但合作的成分大于竞争的成分。

第二，下游合作企业与参照企业的竞合关系。一方面，在合作层次上，下游企业为核心主导企业的产品提供销售渠道和销售市场，并反馈产品的消费信息，让核心企业能够更快地响应市场需求，以此提高定制产品的水平，有利于降低两者的库存水平，同时提高核心主导企业的资金流动率。另一方面，在竞争层次上，下游企业拥有集群中多个核心企业的销售资源，销售着相似或者同质的产品，为提高效率，降低成本，通常下游企业会以此作为筹码向核心主导企业提出符合自身利益的销售标准；核心企业为降低下游企业的话语权，通常会要求其独家经营自家产品，以此打破下游企业攫取市场高额垄断利润的可能性。因此，下游合作企业与核心主导企业之间的关系也是一种竞合关系，但合作的成分大于竞争的成分。

同理，非单链上的外部辅助企业与核心参照企业的竞合关系，与上述两主体相似，都是以合作为主流，而竞争是伴随物，是一种合作的竞争。

（二）单链式供应链的跨链间竞合模式

相比于单链式供应链的竞合模式，集群式供应链的单链式供应链的跨链间的竞合模式是一种更为高级的竞合层次，主要是指将某个单链式供应链作为分析单元，分析此单链式供应链与其他单链式供应链上的某个企业或者某个环节之间的竞争与合作关系，是一种供应链与供应链之间的竞合关系，竞合对象主要有上游合作企业、下游合作企业、竞争对手、替代品生产者、潜在进入者和链外辅助企业，是一种横向的竞合关系。

集群式供应链内的核心企业在面对替代品生产者和潜在进入者的竞争压力时，会选择以整体供应链竞争的方式来应对集群内的挑战，由此而出现了集群式供应链跨链间竞争模式这种更为高级的竞争方式。[①] 核心主导企业将供应链中的各个主体（上游合作企业、下游合作企业和链外辅助企业）进行整合，打造本地一体化的供应链，使其在生产成本、生产速度、服务质量、产品质量和市场响应速度上都领先于竞争对手、替代品生产者、潜在进入者。简而言之，让核心企业所在的整合供应链优于其他单链式供应链或潜在（进入）的单链式供应链，但并非单链式供应链的每个环节都占优势，是一种供应链的整体竞争优势。例如，东莞 IT 产业集群中，联想集团的下游企业环节优于惠普公司，但其研发环节则不占优势。

作为单链式供应链跨链间合作的辅助层次，跨链间合作的前提条件是各条供应链上的核心企业经营同一品类的产品，上游合作企业、下游合作企业以及链外辅助企业的功能相似或者相同。由于市场变化较快，客户需求出现多样性、个性化等特点，市场中的不确定因素对企业的大规模个性化定制化生产提出了更高的要求，核心企业难以依靠自身供应链满足客户需求。为抢占市场份额，提高自身竞争力，核心企业将合作

---

① 袁科峰，张晓霞. 集群式供应链战略联盟构建策略研究 [J]. 湖北文理学院学报，2015，36（02）：58-62.

范围扩大到邻近的产业集群式供应链中的其他单链式供应链来进行敏捷性生产。例如，面对客户的紧急追加订单，核心企业所在的供应链很难即时满足用户要求，企业可以通过向另外一个有着同质、符合要求的库存产品的单链式供应链寻求合作，或者向替代品生产者寻求可替代物品来填补订单空缺，以此来应对市场变化中的应急事件。在核心企业的上游供应商发生缺货情况时，也可通过另一个单链式供应链的上游供应商来获得原材料或零部件，以此来维持核心企业的正常生产运作体系。

总而言之，单链式供应链的跨链间竞合模式是一种竞争的合作，以竞争为基础进行的合作，合作是主流，竞争是伴随物。从整个产业集群的视角看来，这种竞合模式有利于增强产业集群的场势效应，提高整个集群的服务满意度，扩大企业的市场份额。对单个单链式供应链及其核心企业来说，则有利于推动多赢格局的形成。

（三）复杂产品供应链的竞合模式

复杂产品的制造过程通常涉及信息集成、生产过程和合作联盟等方面，在集群环境下，复杂产品的设计和生产制造过程更是密不可分。复杂产品自身所包含的多个不同系统就要求多个制造厂和设计所来共同完成，由此会在复杂产品制造业集群内部形成研究设计研发中心和生产制造中心两大中心，统一调度产品组合所需要的各个系统。产品制造单位的主要任务是把设计转化为具体的产品零部件或成品。不同于普通产品，复杂产品要充分集成调动设计企业、制造企业、装配企业、专用配套系统企业以及用户才能完成其生产和组配。世界上主要的军机和民机公司的核心企业，例如，美国波音公司、俄罗斯米高扬设计局和苏霍伊设计局、欧洲空客公司以及洛克希德·马丁公司等，占据着生产链的设计环节，将飞机的制造、装配和配套专业系统外包给相应的专业公司，例如，我国的上海飞机制造厂、成都飞机公司、沈阳飞机公司以及西安飞机公司等转包商都曾与这些公司合作过。

复杂产品具有多品类、变批量和复杂性等特点，因此复杂产品制造供应链的核心企业在掌握环节（如产品设计、关键零部件生产、总装、总测和总调等）的同时，还需要按照 ISO 标准进行供应链管理，从原材料到售后服务等各个环节，都要统一进行调度、质量控制和追踪，保证各个环节的有序协作运行，推进产品的改进升级。在研制和生产方面，供应链管理系统所具有的项目管理特征与复杂产品制造供应链系统有着契合的优势，项目管理的模式能有效将复杂产品中的研发、制造和物流系统统一起来，形成完整的组织生产模式。对于复杂产品承制企业来说，有着多种不同的组织生产模式，用于承担多种产品、不同产品或者是同一产品的不同研制过程。集群环境下，主要有以下几种不同的供应链系统组织竞合模式。

第一，战略级供应链竞合模式。为了在激烈的竞争环境中生存和长远发展，复杂产品制造企业会为了战略目的与其他企业达成战略联盟，进行长期合作。从企业的合作内容来分，主要包括类似业务的合作、互补性业务的合作，在选择合作伙伴的过程中，将拥有类似业务的企业化敌为友，通过建立战略关系把争夺市场份额的竞争对手变成共同开拓市场的合作伙伴。相较于与类似业务的企业合作，与互补业务的企业合作则可能演变成货比三家，挑选契合度最高的企业来建立战略关系，发展长久的业务合作。从企业的合作类型来分，主要包括强强企业合作，强弱企业合作，从战略制定和实施等方面来统一协调各企业的经营活动，以实现共赢的局面。在集群环境下，选择强强联合的企业能有效提高复杂产品的竞争力，而强弱联合的企业则更有利于在维持产品品质的情况下降低生产成本，扩大市场份额。

第二，项目级供应链竞合模式。为共同获取利益，在合同和信誉的基础上，复杂产品的开发过程通常会涉及多个企业的业务，一个生产环节由多个企业完成，或者将多个生产环节外包给一个企业完成，核心企业则在这个过程中为这些项目合作企业提供完成的数据和技术规范，以保证产品原材料和零部件的契合度。外包过程中，外包商自身的专业资质、专业经验以及与核心产品的契合度成为核心企业挑选项目合作伙伴的重要标准，这是外包企业之间的主要竞争点，同时，核心企业会将其核心环节的地位作为挑选外包企业的重要筹码，以此来压价，降低生产成本。例如，生产型服务企业与核心企业之间的关系就是典型的项目及供应链竞合模式。

第三，专业产品级供应链竞合模式。不同于普通产品，复杂产品的专业性强度要求其合作伙伴企业拥有较高的专业业务水平来设计和生产专业性较强的专业系统、辅助性系统或者零部件。生产专业产品的企业通常在其所在集群内数量较少，所以其在复杂产品的供应链中议价能力较强，通常是由其来选择与核心企业的合作。例如在专业性系统较强的飞机生产中，飞机主机与导航系统、发动机系统和火控系统就是典型的专业产品级竞合模式。

第四，过程级供应链竞合模式。复杂产品制造企业之间基于某一项目的合作来调度和分配所有合作伙伴的各类资源，统一设计生产计划来共同进行某些过程的生产活动。同时，在生产过程中，复杂产品制造企业之间会参与对方的过程中，共同推进项目，了解项目情况，共享资源，操作生产计划，并在生产过程中依据项目进展动态调整工作进度和工作策略，以提高协作效率。

这四种供应链竞合模式既可单独存在，也能同时存在于一个主体中，复杂产品供应链集成的水平集中体现在这四种供应链竞合模式中。

第一，战略级供应链竞合模式主要表现为联盟企业之间的市场划分和主导产品互补，是一种战略层次上的企业联合，从企业的战略出发，实施战略互通、信息共享，形成静态的供应链关系，不涉及企业技术上的集成；第二，在项目级供应链竞合模式中，核心企业以合同为法律依据与成员企业建立合作关系，对项目的质量、成本、服务和时间进行明确规定，即通常所说的外包关系，成员企业按照合同中的数据和技术规范为核心企业提供服务，这一关系中，核心企业主要根据核心设备和核心技术的标准来挑选成员企业进行合作；第三，专业产品级供应链竞合模式以具体的技术合同来确立合作关系，主要是一种供需的关系；第四，过程级供应链竞合模式对信息集成化和过程级集成化的要求较高，主要表现为在产品设计和产品制造过程中的合作关系。

第二节　集群供应链网络企业市场协同的交互营销模式

作为一种面向网络经济的经营战略，集群供应链网络企业市场协同有利于共享利益以及共担风险。通过整合集群内企业的分散技术资源和管理优势形成更加动态、强大的战略联盟或利益共同体，联结各企业在技术开发、产品更新换代、市场营销、资金筹集和技术使用等方面的优势，以合作营销的模式将集群企业组成市场协同的联合舰队，形成多赢的格局。在交互营销的模式中，每个成员从合作营销组织中获取抓住新的市场机会所需的外部资源的同时，还需向其提供自身核心能力和关键资源以供组织中的其他成员使用，这样的交互营销模式就形成了集合各个成员的特色和专长的资源库，为其成员提供了共担风险、共享成果的平台。成员只需集中资源发展自身的核心能力，便可通过交互营销组织快速实现资源重组满足市场需求，进一步降低了成本，提高了资源利用率和市场响应速度，具备了高弹性的竞争优势。市场的合作建立在竞争的基础上，合作伙伴自身所具备的核心能力成为"优胜劣汰"的重要标准，集群内的竞合形式逐渐由"排他性"迭代为"排劣性"，形成良性竞争的集群发展格局。

一、集群供应链网络纵向合作营销模式

通过纵向合作营销，能够有效整合供应链上的资源优势，协调供应链上各个企业的具体经营目标和协作效应。[①] 为合理配置和有效运用集群内的各类资源，充分发挥市场经济法则在合作营销组织及其成员中的作用，集群供应链网络纵向合作营销模式有利于集群供应链上的各个主体建立具有弹性的松散联盟关系，形成新型的市场交易形式，建立集群的规模经济，发挥相对比较优势。[②] 大量中小企业的技术创新都来源于合作营销组织的建立和运行，例如服装企业与供应链中的上游布料供应商和下游的品牌拥有者之间的合作，使其能够有机会和大型企业之间进行多方面的协作，如生产、资本、经营、技术等，将供应链中的上下游产品连接起来，形成多条供应链，构成跨集群边界、跨地区、跨国界的集群供应链纵向合作营销模式，模糊化集群边界，提高集群内部的合作效率。具体如图 6.3 所示。

---

① 赵浩兴，周丽豪.企业集群背景下温州民营企业合作营销动力及模式研究［J］.苏州市职业大学学报，2007（4）：29-33.
② 黎继子，刘春玲，胥朝阳，等.市场需求模式下集群供应链的战略合作决策［J］.财经研究，2004（10）：15-24.

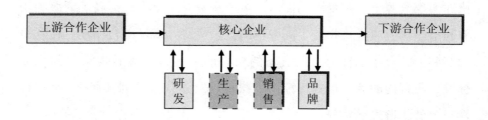

图 6.3　集群供应链网络纵向合作营销模式

纵向合作营销渠道的建立和管理是一项耗资巨大的工程，而单个企业的渠道将受制于一定的时间和空间。集群共建和共享渠道的通常做法是建设配套的专业市场和开展电子商务。由于专业市场不仅是中小企业集群发展的产物，也是中小企业集群进一步发展的依托；而且专业市场与中小企业集群之间着有一种内在的共生关系，因此渠道合作非常有助于提升集群内企业的营销业绩。

二、集群供应链网络横向合作营销模式

集群供应链网络横向合作营销模式主要是指通过联合促销来提升集群市场的推广力，借助营销渠道合作来提高集群市场的流通性，搭建合作研发平台来推动集群的技术创新力提升，以及打造区域的品牌来塑造集群的良好形象。① 第一，从集群的持续发展角度来看，区域品牌的构建能够提高集群的产品品质和附加值，从而推动区域的产业结构升级和可持续发展，最终实现集群的目的——提高超出一般市场的价值（超额价值）。第二，从企业实力和市场关系来说，集群中的单个中小企业往往存在财力不足、人才短缺和物力匮乏的特点，难以承担在品牌打

---

① 黎继子，马士华，郭培林，等. 基于横向合作的集群式供应链跨链系统设计 [J].
系统工程学报，2008，23（6）：735-743.

造、渠道疏通以及研发开发中的高额成本，集群供应链网络为其提供了一个资源共享的平台和平等的市场地位，使其能够充分利用资源来获得利益。第三，从中小企业集群的特征来看，集群为其在品牌塑造、渠道开发和研发共享等各个方面提供了非契约型网络支持。例如，在温州服装产业集群中，众多中小企业通过利用行业强势企业（如报喜鸟、法派、庄吉、夏蒙、华士等）的品牌优势，实行品牌依附策略，节约了品牌塑造成本，将资源集中在核心环节打造其自身的竞争优势。另外，强势企业的个别品牌策略则有利于打造区域品牌，改善集群内的品牌结构，以此推动区域的品牌发展。而政府以及行业协会则会选择和企业合作，共同构建中小企业集群的区域品牌，建立相对可持续发展的区域品牌发展体系。具体如图 6.4 所示。

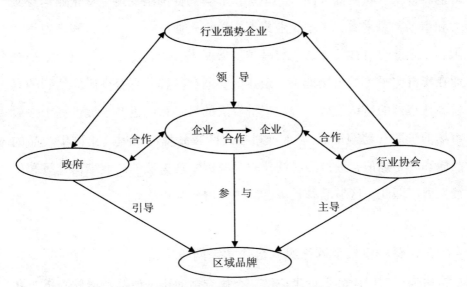

图 6.4 集群供应链网络横向合作营销模式

集群企业要有效实现横向合作营销，首先，通过集群中的政府部门、协会组织等机构对集群中联合促销行为的宣传和引导，充分发挥集群核心企业在联合促销中的带头与示范效应，从而影响集群内企业促销理念的转变；其次，利用行业协会等中介组织协调、引导和管理集群内企业的促销行为，通过举办展会、组织参与各种博览会等方式推动集群中的联合促销，协助企业拓展市场；最后，加强政府部门对联合促销的监督和管理，为其提供资源支持与政策保证。联合促销行为的形成不仅是企业行为，在一定程度上也是政府行为。由于中小企业自身的经营理念限制以及搭便车心理的影响，集群中企业很多时候无法形成良好的横向合作营销效果。另外，在企业联合促销的过程中，企业的违约行为时有发生。因此，在政府的有效引导和约束下，通过对集群中的联合促销进行有效的监督和管理，帮助集群提高联合促销的效率。从中小企业集群的特性来看，其能为品牌共享提供非契约性网络支持。从企业本身实力和市场关系来看，中小企业集群中单个企业的财力、物力和人力存在限制，企业自身往往无法支付品牌发展所需要的资金；而且由于中小企业在集群中平等的市场地位，企业能够通过品牌共享获得所需达到的利益。从集群的持续发展来看，集群发展的最终目的也在于提供高于一般市场的价值（超额价值），而通过创建区域品牌可以提高集群中产品的品质和其附加值，通过品牌的建立和发展实现集群的产业结构升级和持续发展。因此，区域品牌是集群品牌发展的必由之路。

三、集群供应链网络纵向合作营销网络价值链

作为更深层次的集群供应链，合作营销网络价值链是指核心企业基于信息交流，在集群供应链的信任机制和商务技术基础上，建立各自的供应链体系，推动价值链上的各个环节资源在平行的供应链之间进行单向流动的机制。供应链内部的各个企业存在营销合作关系，而且处于不

同供应链的企业也会进行跨链营销合作，辅之以专业化配套中小企业，用于补充和配合网络价值链的生产行为，但处于供应链之外。例如，温州柳市的低压电器企业集群中的众多中小品牌企业，不仅能够满足自身供应链的生产需求，还能为众多品牌低压电器（如正泰、德力西、长城等）其他供应链提供生产，进行跨链协作，为自身的品牌营销提供强力有的背书。具体如图 6.5 所示。

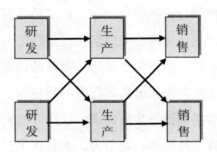

图 6.5　集群供应链网络纵向合作营销网络价值链

技术创新的不确定性会使得企业无法保证创新时长、创新特性以及创新效果，难以防止创新抄袭所带来的沉没成本，存在较大的创新风险。另外，由于不同科学领域的进步发展，技术变迁的速度加快，集群内的单个企业缺乏足够的资源来进行创新转型和柔性化生产。集群技术创新的重要途径之一就是建立集群供应链网络内的营销价值链，借用企业的外部资源进行协同创新和优势互补，企业之间的研发、生产和销售上的密切联系有利于推动集群内的产品研发、技术创新和产品营销，为集群企业可持续发展提供充足动力。集群内的合作营销网络为企业提供了合作的平台，通过整合价值链上的企业主体，推动企业间正式或非正式的合作，充分调动价值链不同环节的优势资源，可以有效弥补企业自身资源的不足，提高承担风险的能力。

第三节　集群供应链网络企业资源协同的联盟共享模式

　　市场需求的不断变化使得企业开始变革资源配置方式和运行模式来打破传统企业边界，组成动态联盟，以获取更丰富的资源，满足产品市场需求。因此，集群供应链网络与动态联盟成员之间建立了更加密切的联系，动态联盟成员提供资源建立集群供应链网络资源库，同时提升了集群供应链网络满足某一特定的产品市场需求的动态能力。动态联盟内成员的接纳标准表现为其是否能满足集群的特定需求，其配置资源的方式则是预测和挖掘潜在的动态集群需求，这样才能充分发挥集群企业自身的资源价值，形成独特的核心竞争力，为其在集群内占据更加有利位置增加筹码。同时，增强了动态联盟成员自身对集群供应链网络的吸引力，形成了集群内部成员的"排劣性"特征，推动优质企业向优秀区域聚集，降低集群产品供应链网络的协作成本和交易费用，为企业资源协同提供更加优质的资源交换平台，推进集群供应链后端的良性发展，提高资源的利用效率，形成产品供应链的区域性聚集和联盟共享资源平台。

　　集群供应链网络企业资源协同是以区域资源的管理为基础，以供应链管理为核心，建立了管理与技术相结合的全面集成的模式。[①] 具体来说，这一模式是在市场需求的推动下，采用官产学研相结合的模式，利用网络技术、信息技术和数据库技术来动态性地集成某一区域的产业集群资源，涵盖了区域生产经营等所有经济活动的一种活动。对于整个供

---

　　① 孙艳萍，胡开顺. 基于区域集聚多动态联盟体系的产业集群模式［J］. 经济体制改革，2003（2）：49-51.

应链网络来说，各个集群企业的资源和信息共享能够有效降低供应链成本，减少供应链各环节的延误和重复，推进信息更加高效迅速地流通，缩短了集群企业的产品生产周期，为其集群网络的高效运作提供了条件。另外，集群供应链网络所整合的信息资源和计算资源能够有效提高供应链的管理水平，为拓宽供应链网络范围提供了可能；对于供应链网络主体来说，集群企业可从集群供应链网络中充分利用内外部优质资源，在短时间内用较少的资源投入获得更高的回报率，为企业的其他资源投入提供更大的投资空间。

一、集群供应链网络企业资源协同的特性

集群供应链网络企业资源协同模式主要指利用先进的网络技术、信息技术、通信技术以及供应链管理技术等手段集成、管理与共享区域内各实体的各种信息资源，以合理利用和优化整个区域内资源，达到快速响应市场变化，提高产业集群区域竞争力的目标，主要包括销售管理、生产计划、需求计划、生产过程监控以及市场分析预测等经济活动，具有共享性与集成性、监控性与协同性以及可重构性与敏捷性等基本特征。①

（一）共享性与集成性

产业集群内信息资源的优化和共享以及知识创新交互有利于降低企业的资源搜寻成本和使用成本，提高产业集群资源的使用效率。为保证整个供应链生产活动的正常运行，产业集群内的联盟企业在调整计划时需要相互沟通和协商，进行信息的传递和流通，整合和集成整个产业集群的信息资源。信息资源的共享性使得企业能够从资源库内调取所需资

---

① 张伟华. 面向产业集群区域资源计划系统设计与研究［D］. 沈阳：沈阳大学，2012.

源，而资源的集成性则大大降低了企业搜寻资源的成本，为企业提供了一站式的资源供给功能。

（二）监控性与协同性

为提高整个产业集群的生产效率，集群供应链网络企业资源协同模式是在动态分析产业集群整个区域资源的基础上所做出的科学决策，同时基于全面综合分析的市场信息，实时监控与指导产业集群中各个节点企业的经济活动，合理利用和优化配置集群内的各种资源，提供多个方面的协同性服务，如协同生产、协同销售和协同供应等，更早和更快地发现企业在资源协同中出现的问题，提前制定资源协同策略，及时调整集群供应链网络内生产主体的资源供给，保障企业生产过程的顺利进行。

（三）可重构性与敏捷性

集群供应链网络企业资源协同模式在处理多样化和差异化的需求时，可将产业集群内企业成员的优势资源集中起来进行快速重构，形成一种动态联盟，能够高效组成由虚拟企业所构成的短期供应链，快速响应市场的需求变化，用最短时间满足多样性和个性化的用户需求，因此体现了良好的敏捷性。同时，资源协同中的资源并非一成不变的，部分资源由于市场需求的变化会因为不可用或出现故障而逐渐退出资源库，新的资源则会随着时间的推移加入，形成迭代的资源协同，这一动态的过程使得集群供应链网络内的资源协同能够快速重构，以满足企业生产需求。

二、集群供应链网络企业资源协同的运行模式

集群供应链网络企业资源协同模式是一种虚拟的协作联盟，指为了

共同目标或利益将承担同一任务的相关资源主体临时性组成虚拟组织。在某一协作任务的引导下，企业可以通过该虚拟组织获取完成任务所需的资源和信息。而虚拟协作联盟首先要和资源主体以及协作任务进行绑定，根据协作任务来要求不同的资源主体提供资源和信息，每个资源主体能够在同一时间内为不同的协作任务提供资源和信息，也可同时整合多个资源，企业资源与资源主体之间是"一对多"或者"多对一"的关系。对企业来说，要将自身所具有的静态资源和被动资源进行抽象化，上传虚拟协作联盟，并采用"服务"概念来定义各种异构和多样化资源（如生产设备、仓储空间、物流设施、采购信息、销售代理等），封装资源的差异性，使企业成为一个基本的资源管理单元，以供虚拟协作联盟能够识别和调动。具体如图 6.6 所示。

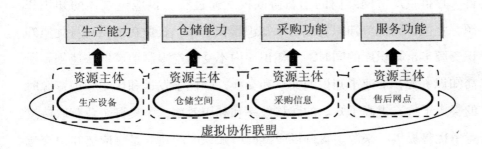

图 6.6　集群供应链网络企业资源协同联盟运行模式

企业组合和协同是基于资源主体对差异资源进行封装来分析企业资源的属性和特征，由此形成服务功能，在虚拟协作联盟中为完成协作任务将资源进行按需分配的过程。资源主体能够根据企业自身的协作需求，对环境信息进行动态感知，通过自主决策机制，实现对资源和环境状态的监测、分析以及以此为基础的规划、决策和执行。虚拟协作联盟在其运行时，需要先根据协作任务选择和请求其他资源主体的服务，实现多个资源主体与协作任务的动态对接；每个资源主体也可能同时为多个任务服务。因此，资源主体需要管理相关任务的执行状态。协作关系在虚拟协作联盟的生命周期内可以发生变化，动态对接的特性为实现企业协同多层次、大范围的资源合作奠定了基础。

第四节　集群供应链网络企业创新协同的知识嵌入模式

　　企业评估并获取组织内外部环境中因素的能力是企业在激烈竞争中获取竞争优势的重要条件之一。其中，集群企业内外部知识的共享、传播和创造是企业进行持续创新的重要途径，也是其生存和发展的必要条件。集群供应链网络内的创新协同模式通过整合供应链主体的知识资源，将主体的优势知识资源纳入知识累积仓库。企业在提供自身优质知识资源丰富知识库的同时，从知识库内不受时空限制地获取快速创新所需知识资源，加速了知识的共享和交换，降低了发送和接受知识资源时的噪声干扰，提高了知识的转移效率和利用效率，为集群企业获取持续竞争优势提供了来源。集群供应链网络知识库的建立是供应链知识交流和共享的基础，知识的交换则是知识嵌入机制发挥作用和产生协同的必要条件。在正常经营的前提下，供应链企业能够接触和使用其他成员企业所公开提供的供应链知识，同时公开自身知识以供其他成员在知识拥有者的指导下使用，通过知识拥有者的教与学，在不降低知识价值的情况下进行复制使用。此外，供应链知识嵌入需要满足以下条件：第一，集群内各成员企业在集群良好的知识共享文化下自愿提供知识资源；第二，成员企业有机会通过提供异质性知识资源来提升集群地位，为集群成员增加话语权、控制力和吸引力疏通渠道；第三，使知识资源的提供者确信能够从集群供应链网络内获取有价值的知识资源，确保集群内部的公信水平和知识资源的质量。企业集群的知识共享程度与企业集群文化、外部竞争的压力、企业集群的生态性和知识共享的简易性等因素有关①，当然，这些因素也是相互关联的，如图 6.7 所示。

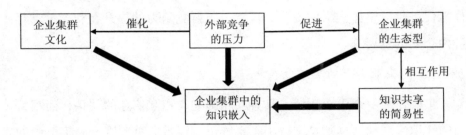

图 6.7　集群供应链网络中知识嵌入的机制分析

一、集群供应链网络中知识协同的影响因素

（一）企业集群文化

企业集群文化是企业经过长期的艰苦环境的锤炼和共同奋斗而形成的。在这种企业集群文化中，勇于冒险、积极创新、相互协作、奋发向上的文化会得到保留，反之，懒惰、不求上进等文化会受到鄙视和摈弃。在这样的文化氛围中，产业集群内的企业会积极进行知识共享，重视知识吸收和创造的过程，在地域临近、人员密集和沟通频繁的集群内则会产生示范效应，降低知识的扩散成本，提高知识协同的效用。同时，同一集群内的企业由于地域临近往往会存在高度的"信任"和"承诺"，有利于形成高效和弹性的合作关系。

---

① 洪江涛，黄沛. 企业价值链上协同知识创新的动态决策模型［J］. 中国管理科学，2011，19（4）：130-136.

（二）外部竞争的压力

在市场竞争中，企业集群往往会以整体的形式参与，以克服单个企业势单力薄的困境。在面对集群外部强有力的竞争者时，抱团取暖才能生存，这也客观上促进了集群内部知识共享的广度和深度，集群内的合作能促进集群整体实力的提升，反之，集群竞争力的提升有利于带动集群内企业的发展。

（三）企业集群的生态性

集群作为一个生态系统，具有互相影响、相互依存的关系，而集群内的知识流动和共享则是维持生态系统正常运行的重要因素。集群中的企业为提高自身的竞争力，需要不断提升专业化水平，培养核心竞争力，在集群中找到发展的生态位，在使用集群内共享的技术、设备、工艺、管理和劳动力的同时，发展自身，为集群提供更加优质的资源，推动良性竞争，建立良好的生态循环。

（四）知识共享的简易性

企业集群中的分工高度细化，使得单个企业的专业知识更强，显著降低了知识共享的广度和难度，必要知识的共享过程更加简便，知识共享更加高效。集群中单个企业的生产只需与类似企业及上下游企业进行知识共享，节省了共享其他流程知识的成本。

（五）知识共享的互补性

集群内的供应链知识是互补的，一个成员企业的供应链知识对另一成员企业的供应链知识而言具有借鉴和补充性质，从而使得成员企业供应链知识的发展表现出收益递增的状态。只有集群内各个成员企业之间的供应链知识能够发挥功能上的互补性，整个集群的竞争优势才能更充分地体现。这一互补性主要包括以下方面：第一，各成员企业所拥有的供应链知识之间有着足够的相关性，一个成员的供应链知识可以被另一个成员所理解并接受；第二，各成员企业所拥有的供应链知识之间具有足够的差异性；第三，一个成员企业的供应链知识能在一定程度上改善另一成员供应链知识所产生的效用，即某一成员企业的供应链知识对另一个成员来说是有价值的，并不是只会造成重复和冗余。这种互补性既可以发生在同类型的供应链知识之间，也可能发生在不同类型的供应链知识之间。它对于实现供应链资源协同有着重要的意义。此外，必须考虑供应链知识的兼容性，过于雷同或者完全不同的供应链知识互补成功的可能性很小。

二、集群供应链网络企业的知识协同模式

完善核心企业与供应商的知识共享机制，建立供应链各成员企业的知识共享机制能有效促进知识的相互学习，提高新知识的存活率，进而增强集群供应链内企业的创新协同能力。[①] 生物的进化是变异和接受自然环境选择的结果。类似生物界，文化创意产业集群企业迫于环境而产生变异创新，这种变异创新来自其他企业竞争的压力、市场选择的诱导，究其根本，创新是知识的创新，知识的创新则依赖于知识的共享、传递和协同，知识资源通过集群网络进行扩散和溢出，集群各主体通过网络来获取各种知识资源，大大地促进了集群整体创新水平的提升，进而推动文化创意产业集群的产业结构升级和演进。目前我国企业在对供应链管理的认识、理解、研究与实践等方面都存在着许多问题，从而导致供应链管理水平较低。缩小与世界领先供应链管理水平的差距，是我

---

① 徐瑞平，王丽，陈菊红. 基于知识价值链的企业知识创新动态模式研究 [J]. 科学管理研究，2005（4）：78-81，119.

国企业管理的当务之急，而完善核心企业与供应商的知识共享机制正是解决这一问题的关键。例如，成立供应商协会、组建咨询/解决问题的团体以及组织自愿学习团队等，逐步推进核心企业与供应商的知识共享，提高企业动态的学习能力、持续的技术创新能力以及对市场的迅速响应能力。

集群供应链网络内存在着无形的"知识市场"，不同节点企业之间的知识通过市场机制在集群内部流动，知识的买卖双方都确信其能够在供应链知识市场中交易知识进而获取某种形式的利益。例如，知识卖方可以在分享其拥有的知识过程中提高其在集群供应链网络内部的声誉或地位，获得更多下游企业的订单，或得到某种形式的经济奖励；而知识买方则在付出代价学习和吸收知识后，能够有效提高其生产敏捷性，扩大产品的生产量，或增强市场竞争力。集群供应链网络通过营造知识市场开放、宽松的氛围，建立有效的知识交流共享机制，为企业提供增强其在供应链中声誉和影响力的途径，为集群企业提供长远发展目标，完善协同创新体系。建立集群供应链网络企业的知识协同模式需要以下方面的要素共同作用。

第一，共享的供应链知识文化。要提高供应链的稳定性、推动知识共享，良好的供应链知识共享文化必不可少。员工对企业的供应目标、供应行为认同感以及供应观念等都与集群内相关企业的利益和目标密不可分，而这些要素形成主要依靠共享的供应链知识文化来对员工进行潜移默化的影响，使核心企业与供应商达到统一的目标，从思想上和行为上保持一致，推动员工为共同目标而努力，以此提升核心企业与供应商的竞争力。

第二，共享的供应链知识库。通过识别、分类、加工和提炼供应链上各企业的知识资源，建立系统的、可识别的供应链知识库，为集群内各成员提供充足的知识资产。知识资产主要分为显性知识资产和隐性知识资产，其中知识库内的主要构成成分是显性知识资产，便于查找、传播和使用。由于隐性知识资产自身的不可编码等特征，其在知识库中的比重较低，但隐性知识资产是成员核心能力培养的关键要素，主要由两个方面构成：第一，供应链内部知识，指供应链内部各成员对产品或市场的成功或者不成功的知识；第二，供应链外部的知识，主要指市场有关的知识和社会公共知识。

第三，知识共享的信息网络。作为供应链知识协同的核心，知识的共享与传播需要依靠现代信息技术在供应链内建立知识共享的信息网络，以数据库为载体，将供应链中的常用和专业知识进行编码分类，并分配与之相对应的专家或成员，为供应链内的成员提供基本的交流工具，如电子邮件、声音邮件、音频会议与视频会议等。此外，还需要建立与供应链外部的沟通信息网络，推动供应链内外部知识交流，使之能够动态适应外部环境，推动知识的扩散、交流和创新，为新知识的产生提供交流平台，提高知识的利用率和共享程度。

第四，共享的供应链培训体系。提高供应链运行效率就需要建立与之相关的培训体系。一方面，知识型产品对于顾客来说，存在较大的学习成本，要将知识型产品的潜在需求转化为现实需求，就需要建立配套的供应链培训体系，降低顾客对知识型产品获得的门槛，这样才能有效降低售后服务成本；另一方面，针对供应链中成员对产品的使用与维修知识认识不够全面，存在较高的维修成本，建立相应的培训体系有利于提高知识创新的针对性和降低最终产品的成本。

第五节　集群供应链网络机构服务协同的依托互利模式

集群供应链机构服务协同的主要对象是产业集群地域内受辅助支持系统影响的相关多元服务体，通过服务供应链的形式为生产制造系统的生产和运转提供服务，与集群地域内的企业群体和组织机构群所组成的体系形成供需关系。集群式服务供应链的网络模型通过对集群地域内若干服务业层级上的诸多优势资源的互补融合形成整合性资源，并把这些稀缺性及相对高价值的整合性资源有效地往下游服务业乃至最终客户传递，相关服务企业通过明确自己在链上的核心地位与关联性合作竞争企业共享这些互补性资源来创造高附加值的产品或服务。具体而言，通过集群式供应链网络模型中多元供应链的融合，核心企业将自己的非核心业务外包给其他附属企业，从而培育和加强了自己的核心能力；通过集群式供应链网络模型中多元供应链的有效融合，集群地域内的相关企业之间建立良好的伙伴关系或是形成战略联盟结构，来使核心企业拥有更多的资源优势以及竞争能力；通过集群式供应链网络模型中多元供应链的融合，核心企业可以采用大规模定制服务，来获得规模经济和范围经济，以获取降低成本的优势；通过集群式供应链网络模型中多元供应链的融合，集群企业以供应链为纽带在分工协作和竞争合作中进行知识交流和共享，从而获得了结构化和专业化的知识溢出优势。而对于消费者来说，集群地域内的消费者因所要选择商品或服务的地理集中性能够有效节约其获得商品以及服务的各种时间成本，从而更容易实现消费者越来越多样化的消费需求。

一、集群式供应链内的服务供应链类型

（一）信息技术服务供应链

供应链上各个服务体之间的纵向一体化主要依靠信息技术的交流和传递来形成有效联合的形式，而信息技术供应链则是指集群内的各项信息技术的有机整合。① 作为信息交流和传递的关系链，信息技术服务供应链包含服务供应链上各个环节的多个主体，如行业协会，高校和科研院所（技术的研发者、提供者），科技中介机构（供给、需求信息的拥有者），企业（技术的提供者、购买者、需求者、应用者等）。有需要的企业群体通过科研机构、高校、中介组织机构等提供信息咨询与服务的企事业群体获取信息技术资源，从社会中介（行业协会）和科技中介机构等中介服务体系处获取信息咨询与信息搜集服务，以此来减少服务供应链上的牛鞭效应，促进服务体之间的沟通，提高资源利用率。② 具体如图6.8所示。

（二）物流服务供应链

物流服务供应链主要为集群地域内的企业提供便捷的物流服务，是企业生产、流通进行高效运作的重要保障。供应链中关联性企业的采购、生产和配送构成了集群中物流双方的供需关系，物流服务质量和水平、物流成本、物流效率等都与物流服务供应链的高效运转密切相关。从不同工序和车间中的原材料和零配件采购、半成品以及成品的配送服务、集成商的分销渠道到需求客户等物流运作的效率都与服务供应链绩

---

① 陈志圣，黄立平. 基于网格的供应链管理信息平台的构建［J］. 计算机工程与设计，2007（19）：4674-4676.

② 薛霄，魏哲，曾志峰. 基于集群式供应链的企业协作联盟及其服务支持系统［J］. 小型微型计算机系统，2013，34（1）：107-114.

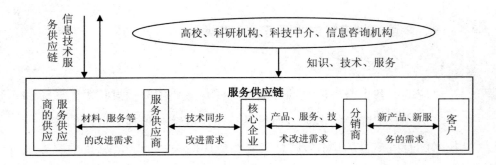

图 6.8　信息技术服务供应链

效紧密相联。具体如图 6.9 所示。

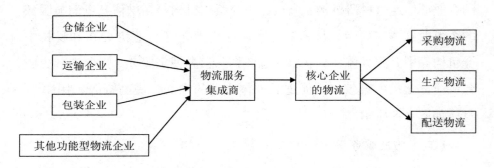

图 6.9　集群供应链中的物流服务供应链

（三）金融服务供应链

金融服务供应链是集群供应链中非核心中小企业的资金流通和运转发展的重要条件。有贷款需求的中小企业将其与大企业之间的贸易关系作为背书，成为信誉高的大企业的供应商或者经销商。金融服务供应链中银行或信用社等金融机构介入供应链授信机制，构建整体的供应链授信机制，以此克服单个企业融资难、信誉低和风险高等一系列问题，将供应链内的大小企业作为授信的对象，从集群供应链的整体环境来考虑单个企业的资信水平和信誉状况，将服务供应链的每个环节都纳入融资评估体系内，以此打通整个集群式供应链网络的资金流转。具体如图6.10所示。

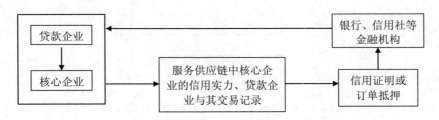

图 6.10 集群供应链中的金融服务供应链

（四）政策服务供应链

政策服务供应链主要是由政府在当地经济社会发展中的重要地位与引导作用决定的。集群地域内企业的发展离不开政府政策的导向和支持，政府政策的提出和引导作用能为企业的后续发展提供一定的保障，并帮助企业明确目标，指明方向。政策服务供应链是地方政府机构及行业协会等制定并向相关企业发布有关政策，最终企业将这些政策执行、落实到具体建设和发展项目中的一系列过程。政策服务供应链主要由政策提供者、执行者和落实者三部分组成，是以政府机构为主来制定政策并由企业来配合完成的一个过程。在集群供应链网络中的政府机构虽不参与企业的创新，但政府对于企业创新的推动作用却是不可取代的。一方面，政府会在与企业互动的过程中传递一些政策信号、产品信息或市场信息来引导企业的创新发展方向。另一方面，政府为企业提供强有力的政策支持，创造良好的创新环境和公共基础设施。具体如图6.11所示。

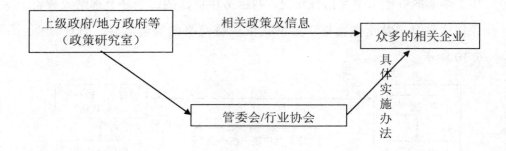

图 6.11　集群供应链中的政策服务供应链

二、集群式服务供应链网络模型

集群供应链中集群地域内多元化的服务主体以各种服务供应链的形式与集群内的企业群体所形成的生产制造体系产生服务的供给和需求关系，从而使纷繁交错的多条供应链有序地耦合形成了集群式供应链的网络模型，具体如图6.12所示。

集群式服务供应链的网络模型的外在表现形式不仅拥有供应链体系特质，而且也具备产业集群网络结构特点。内在系统方面，纵向上具有从服务供应商到服务集成商再到最终服务客户的完整服务供应链结构体；横向上相互关联的企业间又存在着高度发达的分工协作以及竞争关系。一方面，供应链的有效运行是集群中的企业体生产差异性产品和服务，有效利用资源，进行良性竞争的重要条件；另一方面，集群网络结构特点让服务供应链体系内的企业群体之间存在竞争与合作的关系，相互促进。集群式服务供应链主要由服务供应系统、服务集成系统和服务顾客系统三大部分组成，通过三者间的有机结合从而构成了整个集群式服务供应链的完整系统。其中，服务集成系统又利用服务辅助系统来集

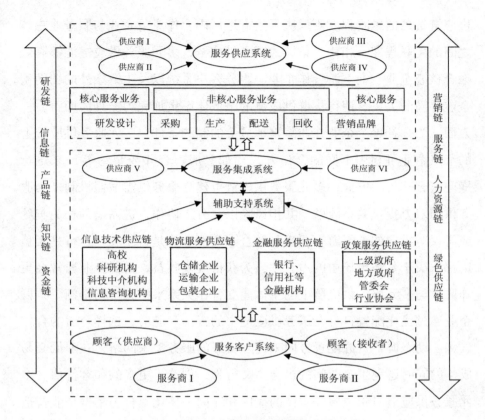

图 6.12　集群式服务供应链网络模型

成辅助性企业和组织机构（如物流中介机构、技术信息供应商、政府机构以及金融服务供应商等）的各种资源，建立相互作用的链状模式（如服务链、产品链、知识链、资金链、信息链、绿色供应链、研发链、营销链、人力资源链以及售后服务链等）来聚合成一种紧密耦合的网络关系，围绕整体服务的供需关系来促使服务业集群中各种要素的价值增值。服务的实现过程就是在集群地域内形成的各种供应链间紧密耦合关系在服务供应链上的集成与创新过程。

　　供应链企业资源配置利用率主要受供应链链条的紧凑程度影响，而供应链链条的紧凑程度则取决于集群地域内合作竞争企业与服务业主体之间的关联程度。相比于单链式服务供应链，多元服务供应链能够有效融合核心企业、上下游合作企业、服务客户系统以及主链条外的辅助型企业之间的关系，使得集群供应链的服务体系更加完善。具体而言，一方面，为弥补单个企业在非集聚地域上的制约条件，多元服务供应链上的节点企业可利用不同的合作方式（如参股、合并或契约等）来进行横向整合；另一方面，多元服务供应链可建立服务供需联盟机制来为服务供需双方提供共享收益、共担风险以及分工协作，进而借助相关契约或协议对纵向的上下游企业进行整合。集群企业是否获利、运行是否稳定都取决于其在市场中的占有率，为获得规模收益，集群企业通常会更加愿意与多元服务供应链上的主体建立合作关系来扩大市场份额。集群企业通过优化配置自身在服务供应链中的资源和能力，选择合适的合作伙伴，动态调整资源配置方向来建立良好的服务关系网络，在降低交易成本的同时避免了企业间的机会主义行为，创造了更多的顾客价值。多元服务供应链对相关服务主体的横向和纵向一体化整合为集群企业营造了协同和信任的良好氛围，同时也加速了服务供应链各个链条之间的融合。

第七章

制造业集群供应链网络协同运作策略

　　十九大之后，中央重点提出要加快建设新型经济，加速传统制造业转型升级，为供给侧结构性改革增添动力，在这一政策指引下，集群效应不可忽视，其网络协同运作策略更值得研究。本章将从资源、流程、技术、物流、信息以及创新六个角度切入进行深度分析，搭建制造业集群供应链网络构成模式，分析其运作策略，解析达到效果，为后续研究提供充分的理论视角与文献依据。

第一节　制造业集群供应链网络资源协同策略

　　资源是企业的生命之源，是企业的"骨肉"。在新时代复杂经济的影响下，企业资源不仅仅是传统意义上的可视可量化的物质资源，包括无形资产、商誉、企业文化等在内的一系列能够为企业带来利益的物质、精神、文化以及理念，都能够成为企业的资源。制造业集群供应链的协同运作，正是企业通过不断加深资源的内整合，将不同的资源进行合理安排，向外进行输出的一个过程，以图达到最大的企业利益这一目的（罗子建，2020；张夏恒，2018）。

以资源为切入点来观察企业组织内部、企业组织间，以及企业间的协同运作，具有较高的理论意义与实践意义。基于制造业集群供应链这一前提来看，通过物联网的连接，协同的目的在于通过供应链网络各网络点的协作运行，保持整体运作高效，从而达到最大优化程度。制造业集群供应链网络资源协同运作策略有时间、空间以及整合三个特征。

一、制造业集群供应链网络资源协同策略的时间特征

相较于传统供应链整合的方式，基于网络理论下的链式整合已经打破了传统资源流转的桎梏。随着供应链联盟共享模式的建立、云平台的兴起、SaaS 技术的接入，这些为制造业集群供应链网络资源协同提供了最为有效的解决方式以及运作核心。基于资源协同作用下企业供应链响应迅速、反应灵敏，效率得到提升，极大地缩减了时间成本。

（一）供应链网络资源协同的定义

在 20 世纪 70 年代，德国物理学家赫尔曼哈肯最先提出资源协同的概念，他指出资源的协同是指在同一空间下各个分子或子系统的协调合作的关系，并创立了新自然科学的协同理论学派，为后续有关资源协同的学说开辟了先河。协同是企业通过不断完善自身在面对机遇、培养自身能力以及寻找匹配对象关系来不断探索的一种业务状态，是企业战略施展过程中不可缺少的关键部分。资源协同的有效性，是指建立在资源共享基础上的依托资源主体，各个企业之间互利共生，互利共享的纽带关系而带来的资源效用最大化。企业间良好的资源协同关系能够实现供应链整体价值大于各个主体价值的状态，即 1 加 1 大于 2 的效果。而要达到这个效果，将供应链各主体的资源协同进行分解，分别通过互补效

应与协同效应进行分析，发现只有协同效应能够实现最大效用。

资源协同按不同的制造资源来源来进行分类，可以分为硬资源协同以及软资源协同。硬资源指的是企业生产经营过程中的各种设备、硬件设施、厂房，以及各种原材料与物料；软资源指的是企业在生产运营过程中的专业知识、数据、软件服务以及各类脑力生产结果，其包含各类职能机构，如人力资源、行政管理、财务管理、运营管理、服务部门、企业知识库等。企业在生产经营过程中，硬资源协同的情形包括租赁，分为经营租赁与融资租赁；软资源协同的情况包括借调人才，知识共享，数据平台一体化，建立各类职能共享中心，从而提高效率。

（二）供应链网络资源协同的时效性

资源及时性体现在 SaaS（Software as a service）中，软件服务化，相较于服务供应商托管软件的直销模式，SaaS 供应商利用客户租用 Web 软件这一平台提供服务，并进行后期管理与维护，以此收取租金。基于共享模式下的 SaaS 核心技术能够将这一平台上所有租户的数据进行实时共享，也可以用于云端保存，在大数据时代数据量飞速增长的情境下，大多数客户无法本地保存数据，数据上载与传递也存在壁垒，SaaS 技术有效解决了此矛盾。

基于 SaaS 核心技术的制造业集群供应链网络资源协同运作模式下，资源的转入与转出相较于传统的供应链产业有着较为明显的提升。资源的转入方面，企业将内部或者外部资源进行全方面的系统搜集，并进行科学分类。有效将冗余的信息进行过滤，并识别供应链节点各部分所需要的资源特性，通过数据分析、计算资源的传输质量与传输渠道，进行精准匹配，汇入 SaaS 核心；而在资源的转出方，由各所需供应链节点单位进行主动连接，当接入 SaaS 核心后，通过对任务不断分解，并向核心发出指令，将本早已储备在核心 SaaS 共享中心的资源进行精准获取，从而大幅度地节省资源传输的时间。

（三）供应链网络资源协同的高效性

提高供应链网络各个主体之间的配合程度、提升企业运作效率，针对供应链网络资源整合与协同能力状况，升级企业协同运作策略，是众多供应链主体提升企业运营的必经之路。本节以船舶供应链网络为例，在船舶供应链中，不仅包含主体与制造主体所形成的生产供应链，还包括制造主体之间所形成的业务供应链。生产供应链与业务供应链进行完美配合，在纵向上大幅度提升制造企业的制造效率，缩短制造周期，实现价值链整体水平飞跃，提高企业的盈利水平；在横向上，将过剩的供应链各主体间的过剩资源进行重新整合，提高外部服务协同能力，及时足量地满足客户的需求，从而提高企业的竞争能力。

第一，实现传统制造集群性企业从制造型企业转向服务型企业。当前经济环境下，国内经济环境低迷，出口减少，船舶行业订单业务远不如从前，供应链转型升级迫在眉睫。通过互联网大数据方式，依托现金的互联网技术与网络科技，突破产业时空界限，整合环境资源，重建能力边界，赋能崭新商业模式与创新空间，将传统订单式生产型企业转变为服务型企业，服务化整个供应链网络各个主体，改进生产模式，专业化促进产业协同合作发展，信息化改变供应链网络各个主体的管理水平，建立健全船舶行业组织管理体系与生态治理体系全新标准，构建生态系统，推进主体发挥核心竞争能力。

第二，实现造船模式总装精细化生产制度，追求精益求精。根据 Wind 行业 EDB 宏观经济分析数据显示，我国 2016 年规模以上造船企业利润总额同比下降 1.9%。究其根本原因在于船舶行业供应链主体间生产协同不匹配、效率低下而导致中间环节生产成本费用过高，订单的饱满度不均衡造成资源匹配失衡、分配不均、供需两端结构紊乱等。传统的造船模式以接单、设计、生产、服务等步骤进行，环环相扣，一环出现差错则整个造船链条将会受到影响。利用大数据下的供应链网络资源协同模式，对整个链条中关键部位如船台、船坞以及码头进行重点资源倾斜，将供应链网络各主体重点资源进行有层次的分配，进行供应链资源协同一体化操作，就能够实现船舶制造多项目、多分段、多层次的有序并行，做到真正的高效协同。

第三，要实现传统供应链资源统筹优化。在船舶制造行业中，最主要的原材料是钢材，钢材具有需求量庞大、成本比高等特点，是供应链网络各主体资源协同策略实行中最为关键的原材料。要实现造船均衡发展，精准供货是各企业目前最需要的存货管理技术。按时、按量、按规格地满足企业日常生产经营需求，将品种繁杂的钢材进行有序安放、保存以及配送，能够极大地提高企业运作效率。通过供应链网络资源可视化操作，将各个节点企业的信息进行可视化传递，一目了然，可以为核心企业进行科学配置，保障库存物资充足供应，优化企业间供应链物资传递的效率，解决船舶行业造船周期长的问题，提升供应链网络整体效率。

二、制造业集群供应链网络资源协同策略的空间特征

在制造业集群供应链协同策略中，空间特征相较于以往传统供应链有着较大的改变，这集中体现在产业园布局的情况上。新时代下制造业供应链网络协同，不仅依托于产业园布局，也依托互联网大数据功能，在资源传递输入与输出的空间方面得到了巨大的提升。可谓"一家生

意，天下来做"。

依托互联网大数据，构建 SaaS 云平台核心地位，通过将资源进行统一配置于核心，解除物理意义上的供应链供需双方的角色障碍，解除资源与应用的耦合关系，搭建供应链网络，将沟通渠道、交流渠道、资源渠道、交易渠道通过网络辐射向每一个供应链节点单位，使得其能够在供应链网络中进行资源的合理交换（杨焕，2011）。① 供需双方角色不再固定，成员在不断变化，借由 SaaS 技术构建的云平台，供应链整体可以依据各单位的不同需求进行资源的动态调配，以达到动态平衡。

基于 SaaS 模式全程供应链网络平台，不但能完善各资源配比使其达到动态平衡，而且能通过共享数据，扁平化企业间沟通层级，提高沟通订货效率。通过 SaaS 技术，构建云平台，联通客户上下游信息沟通渠道，实现内外部流程一体化，信息数据共享协同作用，将销售部门、生产部门、采购部门、运输部门供应链层次空间压缩，形成一个完整的操作系统。供应链各节点部门、企业处在同一平台、同一流程的环节上，通过数据的共享可以实时了解对方需求，减少订单发送延迟，降低缺货成本，实现资源协同发展。

供应链资源协同作用下空间特征有以下几个方面。

第一，供应链网络资源协同面向的是全生命周期的供应链企业。在资源协同作用下，相比通过供应、制造与零售三大结构组成的传统供应链，新型资源协同供应链网络涵盖了更加广阔的供应链主体，包含全生命周期，利用智能化、智慧化，打造产品高精尖与服务一体化，从而使供应链网络中各类主体齐聚，产品更多、种类更全，供应链资源整合能力更强。从产品论证、仿真设计以及加工生产制造，最后到营销售后，

① 杨焕. 基于网络协同的制造业供应链流程管理模型研究 [J]. 商业经济，2011（7）：40-42.

利用 SaaS 云平台技术，通过对核心资源的共享与赋能，吸引更多周围企业自主参与，及时协调、主动沟通，快速反映各个主体的制造需求，打造完善生态制造链。

第二，供应链网络资源协同面向的是动态变化的供应链企业。每一个在供应链上的主体通过虚拟封装，进入云上资源池进行系统智能配置，从而能够解放因为地域限制以及物理障碍所导致的隔阂，通过各个主体间硬件与软件的资源耦合作用，所有主体既可以成为资源的提供者，又可以成为资源的使用者，既能成为服务者，又能成为被服务者。成员主体地位不断变动，根据市场与主体间供需关系进行及时调配，营造一种动态变化和谐稳定的供应链空间结构特征。

第三，供应链网络资源协同面向的是科学选择的供应链企业。在供应链资源协同配置中，资源应当优先向反应敏捷、智能化程度高、智慧化程度完善的企业进行集中优先配置。在供应链网络主体互相服务的过程中，服务成本、服务时间以及服务质量均是考核供应链主体企业科学性的评价指标。对服务灵活、知识积累丰富以及对环境影响较小的企业通过各种算法，如遗传算法、蚁群算法等进行优先排序，筛选科学性配置方案，从而达到供应链整体科学性布局，不断完善空间结构。

第四，供应链网络资源协同面向的是制造资源、知识资源协同的供应链企业。作为企业最为重要的资源之一，知识能够有效推动供应链企业协同发展，并且在整个企业的生命周期中，知识占据了主要的地位。而制造资源，作为生产制造的优先准备资源，是知识的后续体现。通过大数据技术，利用 SaaS 平台将制造服务的评估环节、审核环节，以及供应链流转的知识流进行闭环处理，不断丰富知识库与案例库，营造一个既完善又高效的供应链知识体系，形成供应链主体成员之间的知识共享。制造资源方面，通过虚拟云制造基地的建设，形成一个中心、多个协作点的产业制造格局，在服务双方的基础上，不断完善生产协同的基本关系，完成最终制造任务，形成完整的生态制造体系，满足客户对于个性化以及大规模生产的需求，大幅度提高供应链网络对于资源的整合能力与协同能力。

三、制造业集群供应链网络资源协同策略的时空整合

制造业集群供应链网络资源协同策略的时空整合方式归根到底还是知识的整合。知识是企业的重要资源之一，企业通过搭建供应链网络，形成制造业知识的积累与传播，不断减少服务时间，提高服务质量，减少相应成本。在知识流的迅速传输下，供应链节点企业实现专业化制造与集约化制造的统一结合，成员之间按需付费，即用即付，使得协同关系处在更加有弹性的状态。

现阶段制造业集群的供应链资源协同方式主要有以下两个方面的路径，首先，从资源配置的角度出发，建立一套一体化资源整合系统，利用先进的科学算法，对制造业集群供应链网络中各节点企业所需要的各项资源进行识别与分析，精准定位每个企业的资源需求。建立健全制造业资源多目标线性规划模型，将不同的资源需求进行整合优化，求解出最佳配置方案。其次，通过对供应链网络各个节点企业的供需关系进行分析，使用博弈论的模型方法，对各企业测算最佳的解决策略。将企业的生产经营重心放在与各个节点企业的非静态博弈中，使之形成一种良好的整体模型，完成动态平衡。

而基于 SaaS 技术构造下的云平台，不断为企业进行资源整合、流程优化、信息传递赋能。通过 SaaS 平台的搭建，实现供应链网络资源协同策略时空整合。在时间上，减少信息传递延迟，精准订货、及时供

应等一系列功能都能极大程度上减少时间成本。在空间上，SaaS 技术利用云平台的方式将供应链上、中、下游三方进行重新整合，压缩层次，使其归于同一层面，能够及时响应，空间更加扁平、易于沟通处理；在时空整合上，由以上两个方面共同作用，用户无须进行部署，无须进行事先预定，无须等待下游订单，有利于建立健全资源转移机制，减少资源流转浪费，提高资源使用效率，从而加快企业传递速率，减少时间，压低空间层次；建立健全云平台资源共享机制，扁平的空间层次为企业沟通提供了更加便利的空间结构，并且能够进行多企业同时在线处理业务，大大提高了资源使用的效率。在时间和空间的共同作用下，利用 SaaS 平台的便利性易用性以及及时性，为解决企业生产经营决策，提供了强有力的一站式解决方案。

第二节　制造业集群供应链网络流程协同策略

供应链网络流程指的是企业各项资源与信息通过供应链网络进行传递的过程，在传统供应链理论下，供应链网络各节点主要有供应商、生产商、分销商、零售商以及终端用户；而在制造业集群供应链网络流程中，除去传统供应链节点的各项节点单位，新增核心信息共享平台。

一、提高信息传递效率

信息作为企业与企业间沟通的媒介，传递的质量与速度均会对企业间甚至供应链整体产生较大的影响。不断加快信息的传递速度，减少信息丢失的概率，完善信息传输质量，及时反馈，都有助于企业间协同运作，大大提高供应链运作效率。上游合作企业与下游合作企业通过竞合的方式，构建信息传递通道一体化机制，搭建即时通信网络，提高信息传递效率。

（一）打造供应链网络共享流程体系

供应商信息流的共享流程。供应商通过对产品信息、质量信息以及生产信息等一系列信息进行整合，上传至共享中心，通过 SaaS 核心技术进行信息共享，精准匹配至各生产商。除此之外，供应商的研发信息、技术合作等信息依旧可以通过共享平台向生产商进行提供。各个供应商的需求将会被及时反映，并传递至上游的供应商进行配货发送，整个过程标准化进行，极大提高了效率。

供应链网络共享流程体系的建立，有利于完善供应链管理机制，培养产业集群集约型成长能力，不断发掘企业增长动力与技术进步，提高管理者管理水平，提高管理效率。建立健全共享流程集约化，将核心企业摆放在供应链网络中心以及关键位置，在集群投入资源一定的情况下，优先发展核心企业、关键企业，避免采用以往一味增大投入从而实现企业高水平发展的运营方式。利用现有成本，通过网络服务、技术改造、流程更新等措施，不断提升供应链管理水平，提高供应链网络流程协同效率，完善协同机制，从而加强供应链上下游之间战略合作的紧密程度。

（二）提高分销商信息传递效率

对于分销商来说，产品堆积会导致分销商运作效率降低，这是拉低净利润的关键因素。供应链网络流程协同作用，通过核心平台的信息传递，分销商可以第一时间了解上游的生产进度以及技术改进方式和方向，及时调整销售政策以及营销策略，从而为终端使用者更新信息并提供切实可行的购买决策。

通过供应商与采购方的沟通与合作，建立健全经济批量采购机制，引入 JIT 制度、长期供销存运转制度，建立分销网络数据回传可视化体系，及时有效掌握各分销商采购与销售情况，进行横向对比。针对核心企业周边位置的分销商，运用现代供应链网络管理制度，建立分销商与核心供应商信息传递互通机制，利用数据网络中心数据赋能，推动供应链网络数据共享，信息互通，为终端决策提供依据。

（三）精确终端市场服务需求

从供应链网络各主体间维度出发，通过对货物出品、成色加工、包装销售以及最终产品的全流程管控，提高供应链网络自身的契合度与适应性，通过对终端市场服务需求的精细化分析，得到终端潜在市场。对于上游市场企业来说，降低物流过程中的物资破损比率相比下游企业来说更为重要。上游企业往往承担着较大的商誉违约风险，特别是在买方市场的前提下，物资破损对于上游企业的商业信誉有着不可估量的负面影响。因此，企业要在衡量上下游终端消费市场的利益关系后，建立健全客户需求模型，建立服务信誉。

除此之外，企业文化也是物流管理流程优化的关键因素。良好的企业文化能够形成供应链网络文化体系，有利于供应链各主体间形成默契联系，减少沟通成本与交易成本，增加运转效率。同时，充分利用各核心企业间物流资源的调配机制，促进企业间资源互补，形成服务质量控制一体性、终端市场链接及时性，不断加强服务质量。

（四）优化供应链网络主体对接方案

第一，完善供应链网络核心企业发货与各服务商之间的对接体系。建立健全物流管理流程体系，加强上下游企业流程协同对接联系，增强数据互信与业务互通，积极打造数据连接可视化系统，及时反映各发包方对接情况；积极推进线上信息交流互通机制，打通线上线下一体化对接渠道，满足不同客户对于物流服务的本质需求，从而大幅提高供应链网络主体运作效率。

第二，完善供应链各主体间货物流转对接体系建设。供应链各企业间次要主体的对接沟通机制是供应链流程协同的实际运行对象，是整个供应链网络的命脉所在。各服务商、供应链网络上下游企业以及终端客户需求之间的对接服务，不仅对于每个企业有着至关重要的意义，对于整个供应链网络整体运行也同样有着重要地位。通过大数据时代下信息科技技术，利用 SaaS 平台数据共享流程共享体系建设优势，搭建数据信息交互平台，完善线下供应链网络主体在线自助操作模式，增强物流管理流程优化程度，从而不断提升管理水平，提高资源的使用效率。

二、稳固核心关键地位

核心企业通过在供应链网络中的关键节点进行授权访问，能够明细各企业在供应链中的位置，明确各企业在供应链网络中的责任，以及区分各企业的等级。针对不同等级不同需求的各项企业，有针对性地进行资源分配，避免出现供应链网络资源冗余，从而拉低供应链整体流程协同运作效率。

（一）控制作用

核心企业是供应链整体的"节拍器"，通过对供应链各节点企业资源、信息以及需求的掌握，有的放矢，实时传输与供应链网络有关的各项信息，并开通核心共享平台的权限，使得需求节点能够准确接收。

以沈阳装备制造业供应链集群为例，沈阳装备制造业存量较大，在国内市场中拥有相当雄厚的市场产业基础。在全国 216 种装备产品中，沈阳能够生产 170 余种，占比七成以上。沈阳拥有全国较为完善的产业建设配套体系，大型企业作为核心企业可以聚拢周边中小企业，对其合并以及进行合作，从而形成制造业集群效应。以沈阳机床为核心的供应链网络生产体系，周边聚集众多数控公司、激光切割公司，以及机床生产配件厂商，该生产体系以沈阳机床作为核心控制企业，利用强大的生产需求和经济实力，控制吸收众多中小企业的订单，彼此配套服务，提高供应链整体水平。

通过物流企业的通力合作，构建物流企业互补性资源补充机制，提高流程运转效率，构建物流企业主导的流程协同机制，使得核心企业获得独一无二的优势地位。整合物流过程中的运输、仓储、流通以及加工等必要节点，提高企业附加价值，保证产品具有较强竞争力；在小批量生产方面，完善个性化生产方式，核心企业运用对周边的控制机制，能够及时补充个性化生产的各项配套材料和技术，及时补充人才储备和专业设施，抓住小批量生产机会，提高企业自身竞争力。

（二）参照标准

供应链网络的核心企业将自身数据上传至云共享平台，给各节点企业提供相应业务流程的处理模式，增强供应链整体的学习能力。通过模仿，逐步形成统一，有效提高供应链整体的运行效率与运行质量。供应链节点核心企业通过与各网络节点企业签署合作协议，进行流程互通，利用企业管理工具优化企业人员的沟通机制，加快生产制造信息的传输速度，优化协同合作机制，提高供应链网络整体控制力。

通过对区块链技术的合理利用，建立健全区块链信息共享系统，标准化供应链各主体生产经营过程，整合各部分数据信息，提升信息化流程协同管理水平，达到去中心化、标准化、流程化管控效果。具体来说可以分为三个层次。

第一，数据层面的流程协同作用。通过对供应商、制造商以及销售商的给予区块链信息技术的供应链信息协同管理系统进行搭建，构建流程协同传递体系，将采购订单、审核物料、采购信息以及下游需求信息进行整合，会同制造商生产、产品以及库存信息，达到供应商与制造商流程信息协同整合，互利互通；制造商与销售商方面，制造商发出产品相关信息，销售商将客户需求、产品销售以及需求预测等数据通过供应链网络信息流程协同管理系统进行传递，通过整合信息达到数据层面的信息互联互通。

第二，核心层面的流程协同作用。通过对各个供应链网络主体的数据信息进行采集、分析、整合、二次下达等一系列自动化任务，对数据进行精细化处理，分包包装。在采购信息、库存信息、物流信息等分类的前提下，针对不同供应链网络主体的需求进行数据下达和发放，做到随要随发、随发随用，大幅度提升核心层次供应链网络主体企业的运转效率，降低沟通成本。

第三，应用层面的流程协同作用。通过对数据层、核心层数据的清洗和精准化处理，在应用层数据方面能够为各个主体的各项具体流程业务提供搭建的底层数据资料和基础。建立健全去中心化数据共享系统、库存自动化管理、信息追踪智能化、需求可靠预测以及生产计划科学预订等一系列数据驱动的智慧化供应链网络流程协同体系，利用大数据时代科技赋能企业管理，从而建立高水平、高安全、高协同、高保障的供应链流程协同系统。

以实体企业物流传递为例，在传统制造业企业运行过程中，物流信息作为流程管理的重要标的，包含配送、订单处理以及存货管理等一系列企业生产经营协作的重要信息。传统企业节点企业物流信息传递过程效率较慢,滞后性强,准确性低。传统的链式反应,即收到需求信息—发起提货订单—司机提货—业务运货—仓库入库—车辆出发及调配以及司机运货等物流流转方式单调陈旧,环环相扣,如果有一个环节出现停滞将会对整个流程造成较大影响;利用区块链技术优化流程之后,各个模块被分别打包,通过数据信息进行实时共享,每个模块都能够完整了解到上一个模块以及下一个模块的生产运行状态,从而合理调配自身模块的运作节奏和效率,以适应整体环境,这样大大节约了时间以及成本。

第三节 制造业集群供应链网络技术协同策略

制造业集群供应链网络技术是新时代下供应链技术的核心,供应链整体的高效运转正是依托于技术的稳定实施与更新。大数据时代,利用先进的信息技术手段,对供应链各节点企业上传的数据进行识别、分类、统计、分析以及预测,再通过核心云平台企业进行数据返回,使得各节点单位能够高效准确地接收最新的数据,进行科学有利的生产运行决策(代芃,2020①;方伯芃,2019②)。

---

① 代芃. 基于信息技术的制造业供应链财务管理协同效应研究 [J]. 思茅师范高等专科学校学报,2020,36(1):54-55.
② 方伯芃. 基于云平台的配件多价值链协同技术研究 [D]. 成都:西南交通大学,2019.

一、积极推动供应链网络平台建设

全新的供应链产业系统升级换代，制造业核心企业在考虑生产供货条件的情况下，将供应链服务于市场、财务、人力、运营、工程、生产、运输等一系列生产运作职能部门中，建立起融合生产、供货、财务等职能功能，以及能够自动化批量处理订单的集成系统，从而破解信息化过程中的难题。

供应链网络技术协同的主要核心在于平台，生命在于数据，身躯在于网络架构，只有三位一体共同作用于整个制造业集群网络中，共同发挥协同作用，才能使得各家企业技术实现同步运转。不仅如此，技术的更新与研发进度，也能在供应链整体运行中进行动态监督与跟进。上游企业通过数据的返回能够清楚地了解到供应链核心企业的生产进度与研发程度，从而合理地进行供货配置，并及时调整自身研发的相关进度。而供应链下游企业的采购项目、采购订单以及采购流程更新等数据，可以通过 SaaS 技术的协同作用，传递至供应链网络有需要的节点单位进行信息共享、技术共享，从而提升供应链整体运作效率。要做到网络平台下的供应链技术协同，有以下几点需要建设。

第一，建立健全供应商上游技术协同机制。通过对上游供应链各节点企业特别是物流服务商所需的物流信息、商品信息、质量信息以及生产商的订单信息的收集整理，形成生产配送研发一体化进程制度，不断完善上游供应链技术协同，同步技术信息，达到生产研发协同发展。

第二，建立健全生产商节点技术协同机制。与之对应，在得到供应商的信息之后，为了充分进行反馈作用，更新库存信息以及生产计划以便配合供应商行动，可以通过技术协同作用，共享技术发展红利与成果，帮助、配合供应商进行上游物料改进，在不泄露商业机密的前提下，公开新工艺、新技术，以使整体供应链网络技术协同发展。

第三，建立健全分销零售下游技术协同机制。通过对下游客户的信息收集与整理，利用大数据处理技术，全面分析用户"画像"，了解用户需求，建立各分销渠道技术连接机制，同步提供技术支持服务，更好上载数据收集结果，提供全面而精准的服务。利用分散的、数量庞大的库存优势，积极推进数据挖掘，数据储存以及数据分析的功能和作用，为上游生产商提供产品在途运输情况、物流线路情况、车辆使用情况，以及道路安全等相关物流配送信息，加快物流运输服务，提供高效运转模式。

二、全力打造供应链核心技术共享

制造业集群供应链网络相比传统供应链运作的特殊之处在于其具有网络特性，网络特性使得供应链的信息、资源以及技术传递能够极大地保持质量，信息的失真度较小。在供应链技术共享中，核心供应链的技术更新，将技术的更新要点、更新时间以及更新后带来的影响，通过云平台进行及时共享，辐射供应链网络各支流节点企业；云平台共享中心通过对技术的识别以及分类进行合理分析，对下游企业进行精准投递与传输，大大加强了供应链网络技术的传递效率与速度（崔普远，2019；林倩，2019）。[1][2]

首先，技术的协同离不开资源的流转。建立健全资源传递通道，有效搭建沟通机制，是供应链技术协同运作的核心。例如，搭建起节点企

①　崔普远. 服务型制造混合供应链绩效评价研究 [D]. 昆明：云南财经大学，2020.
②　林倩. 网络嵌入性、动态能力与供应链协同创新绩效的关系研究 [D]. 广州：华南理工大学，2019.

业间的长效沟通机制，通过定期会晤、知识交流、技能培训、共享信息等一系列举措，加强节点企业的关联度，深化企业间的沟通与合作，从而达到供应链技术协同运作效率的最大化。

其次，技术的协同离不开知识的更迭。知识作为企业无形资源的重要组成部分，是技术更新迭代的动力与支撑。要加快引进高新技术人才，加大对核心技术的研发投入，并建立健全供应链网络整体研发共享机制，形成众筹研发、众人获利的共享局面，提升供应链网络整体研发能力和研发程度，争取在市场中形成竞争壁垒，提高企业的战略竞争能力（杨瑾，2019）。① 建立健全全面的人才培养体系以及培养人才战略意识，积极主动地挽留优秀人才，特别是在科学技术领域有着突出贡献的科技人才，以及在商业中有着丰富经验的管理人才。知识基础的宽度与深度往往决定着企业在面对调整和挑战时应对风险的能力。在人才招聘、人才培养、人才选拔等方面建立大数据共享中心，共享行业顶尖人才数据库，分享知识储备能力，构建供应链网络人才交流一体化制度体系，使得人才能够在各个主体间更加高效率地发挥自身优势，为企业提供更好的智力服务。

最后，通过对云平台上下游数据模型的分析，成立独立于供应链网络中，具有中心、核心地位的加工中心，负责供应链网络各主体间数据加工、收集、整合、分析以及运算工作。一方面能够保证各个主体的灵活配置，减轻数据分析压力，降低搭建数据建模中心的成本；另一方面，在协调供应链整体技术共享上，云平台的搭建能够对整体灵活性起到领袖牵头作用，缓冲各个主体技术方面的矛盾，提供整体构建思路，对供应链网络整体进行统筹把控、分层管理，实现效率最大化。

---

① 杨瑾，王雪娇. 模块化、知识流动与装备制造业集群企业创新绩效 ［J］. 软科学，2019，33（12）：47-52.

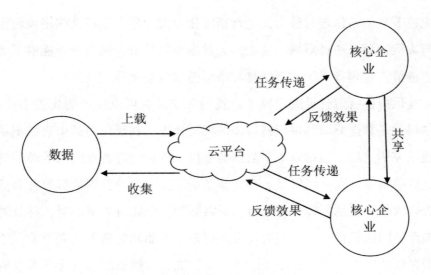

图 7.1 供应链网络平台与核心技术建设

由此所搭建的供应链网络平台与核心技术建设，通过数据对于 SaaS 的上载与收集，在平台中运用信息技术进行加工分析与整理，并将得到的信息下发到供应链各个核心主体中；核心主体对数据以及信息进行二次分析，在主体间通过沟通、协调、分享等一系列方式，共享数据信息，并针对自身情况和业务能力进行及时反馈，以供 SaaS 云平台学习，增强供应链整体效率。同样地，由核心主体所设立的新的数据中心，依然能够继续下发数据信息包于次要核心企业，再次通过次要企业之间的配置，利用集成式共享平台中心提供的数据和信息支援，形成共享源，以此促进供应链网络各主体间的协调发展。

三、不断完善供应链智慧网络建设

供应链网络技术协同运作策略的核心在于数据，如何建设供应链智慧指挥系统是企业需要面对的重点问题。通过可视化与 AI 处理，将各供应链节点的运作进行整合，进行精细化分析。建立供应链网络预测模型与决策模型，通过对核心企业的大数据精细分析，核心企业能够了解供应链节点管理者对于数据信息与市场需求状态把握程度。

在供应链智慧建设的道路上，我们并非没有可以学习的先进企业，沃尔玛就是数据驱动的供应链运作的典型代表。在沃尔玛的中央数据系统建设完毕之后，通过对卫星数据的连接，将全世界各地门店的经营情况、订单数量、商品销售量、存货储备量以及相应的营销数据等各类信息进行收集、识别、统计与分析，所需时间不会超过 1 个小时，并及时反馈至各门店进行补货。而亚马逊是以技术为驱动的典型代表企业，亚马逊在近些年的发展过程中不断在人工智能、大数据以及云计算等领域投入大量的资本，并最终将成熟的技术手段运用至供应链管理过程中来。

供应链网络协同作用的关键在于各供应链节点的积极协作，在新零售时代下，数据、技术以及人才逐渐成为企业突破旧时代桎梏，为新技术研发与应用提供充足资源的有效支持。形成智慧供应链，可以从以下三个方面进行把握：供应链可视化、供应链 AI 化以及供应链智慧指挥系统。

供应链可视化将供应链各类库存数据、营销数据、品类数据以及价格数据等以可视化的方式通过互联网直接提供给终端使用者。同时，将采购、开发、营销与物流等不同的供应链环节进行有效连接，将信息进行共享，提高供应链的响应能力。而依托云核心平台的大数据计算能力，可以促进供应端与需求端的有效对接；在建设好供应链可视化基础的前提下，根据自身战略的规划，降低库存的同时不断完善自身的服务体系。

供应链 AI 化将供应链在各类企业的数据，包括商品数据、库存数据、市场数据以及消费者数据等方面进行深度分析，并探测供应链网络整体环境，进行数据建模，预测市场发展的趋势。例如，新零售模式下的盒马鲜生根据门店的不同应用场景，运用数字模型对各个场景进行科学分析，从而为自身决策、门店客运、商品进货与价格制定提供参考。而 AI 化的根本作用是体现供应链网络的预测功能，从而帮助企业决策者合理地进行日常决策。故而供应链 AI 化存在两种模型，即预测模型与决策模型。预测模型是指在基于大量的数据基础的前提下，通过大数据科学算法，推测市场变化趋势，从而调整供应链各节点运营状况；决策模型是根据算法与运筹模型，结合企业具体经营场景，为决策者决策提供参考。

供应链智慧指挥系统是指发挥供应链网络中核心企业在整个网络协同作用中的协同统一调度作用，并建立起一套依托云计算平台共享资源的办法解决机制。在供应链网络中不同企业的不同业务，对应着供应链智慧指挥系统的不同功能。各节点单位将企业日常经营过程中的各项数据，包括供应商的供货情况、自身商品存储情况、发货情况、销售情况、订单完成情况以及退货情况等，上传至中心并通过大数据系统分析，为企业决策提供精细化参考。

第四节　制造业集群供应链网络物流协同策略

供应链网络物流协同是供应链网络协同作用的重要组成部分，物流是供应链各节点企业生产运输销售系统的血液。如何使供应链整体物流协作更加高效，减少物流配送的成本，缓解物流配送延迟导致生产发货的协调困难，是当今企业供应链管理中存在的突出问题。基于供应链网络的物流协同效应，首先，建立分层的供应链物流结构，将配送的供应方到需求方以及第三方机构，比如政府部门、物流中介以及辅助服务机构等进行整合；其次，建立系统处理各项问题的基本机制，保障供应链网络协同物流协同的运作，以提高企业运行效率（林倩，2019①；陈香，2019②）。

一、构造供应链网络整体布局

供应链网络整体可以区分为三个不同的结构类型：水平结构、垂直结构以及核心定位。这三个供应链网络结构可以看作是从不同的角度去看待整条供应链。水平结构是从传递的角度去看待，垂直结构是从协同的角度去看待，核心定位是站在共享的角度去看待。

（一）构建供应链网络水平结构

作为供应链的整体的各个节点，应当共同努力搭建完善的供应链网络水平结构的传递机制，以达到将供应商、运输商、仓储、发货、配送以及终端用户等供应链水平的企业进行有效整合。利用大数据的云计算分析，将信息转化为数据进行储存传递，建立自动识别机制，各企业自动识别信息，做到精准投放。

以装备制造业为例，传统制造业集群产业的供应链网络关系中包含着社会关系与经济关系两种关系模式。通过有序竞合的经营运作模式，在供应链企业中逐渐衍生出链条模式的供应链技术协同策略。在链条状的水平结构中，装备制造业以核心制造企业为中心，向上衍生出直接配

---

① 林倩. 网络嵌入性、动态能力与供应链协同创新绩效的关系研究 [D]. 广州：华南理工大学，2019.

② 陈香，龚本刚，蒋培. 制造业集群供应链低碳创新网络协同行为评估模型 [J]. 安庆师范大学学报（社会科学版），2020，39（1）：94-100.

套企业与二级衍生配套企业，向下衍生出服务企业以及最终客户。通过建立健全物流上的合作机制，由二级配套企业通过对下级反馈的物流信息进行提前预判与分析，将所需物资和物料运输给直接配套企业，再由核心制造企业传递给服务企业，服务企业将物资物料精准传递给最终客户。由此形成在水平层面的高效率、高周转的物流传递模式，利用大数据分析能力以及核心企业的独特地位，搭建及时有效的供应链网络水平导向平台。

（二）构建供应链网络垂直结构

构建供应链网络垂直结构，做到垂直结构各节点协同互助，搭建协调平台，将供应链节点企业与协调平台对接，优化流程，对物流相关资源的流动与配置进行增进。首先是针对各企业节点内部的系统信息流程运作进行优化建设，并通过供应链网络共享信息协同平台，与网络中企业进行库存与资源的共享共用，并同步至各运输企业，进行精准配送，多快好省。同时，将资源与流程的变动推送至终端客户，做到供应链上游信息同步整理至客户，实现与客户的信息交互共享以及及时反馈。

同时，在物流园区中，建立健全工作协调机制与互惠信任机制，通过对园区供应链网络主体间战略合作伙伴关系进行深入挖掘，保障园区的物流信息、技术信息、数据信息、生态信息协同，完成供应链网络整体智慧化建设、智能化铺设、智造化运作，通过建立健全信任机制，建立垂直结构下从上游到下游的契约型信任伙伴方式，努力营造和谐的伙伴关系，建立法律法规、互信互利以及商业利益三重保护，打造良好的供应链网络闭环生态。

第一，建立良好的激励机制。良好的激励机制能够在供应链网络各主体内部进行正向反馈激励，鼓励企业员工努力工作，提高效率，勇于创新，积极解决供应链网络中遇到的各类问题。通过对激励等级进行分工，明确各类型工作对于供应链物流协同的价值贡献，从技术和效率两个层次分析供应链主体间物流传递的效率，精细化物流信息协同、物流资源协同、物流路径协同，形成有效推进方式，提高企业运转效率。

第二，建立良好的工作协调组织。通过对供应链网络物流协同平台的搭建，为供应链整体提供资源整合，提供一站式服务的良好物流体验，多快好省执行到实处，实现各项业务的整合与资源匹配，打造物流园区与下游客户企业良性互动新局面。通过对重点核心企业的培养与资源倾斜，引进国家资本对整体供应链网络进行升级改造，依托有利物流企业发展的政策环境，打造属于供应链闭环自我发展的物流体系，建立自己的物流企业，实现精准配送，不断提升供应链网络物流配送能力，实现多企业同时协作配送服务，形成物流网络，达到资源整合利用的最大化水平，不断加深供应链企业与物流企业之间的良性互动状态，实现共同发展。

（三）明确供应链网络核心定位

根据上文所述，实现供应链网络整体布局优化，首先应当建立起核心工作协调组织结构，可以由政府有关职能部门牵头发起，借由政府的公信背书，建立资源整合的信息协同平台，搭建核心共享机制。第二，建立健全供应链网络节点企业合作共享信任机制，建立一种长期有效的信任机制，这对于企业间进行战略合作、达成战略合作伙伴关系具有关键作用，从而增强供应链的信息协同程度以及对于外界信息的敏感程度，有利于提高供应链整体的市场竞争力。

除此之外，在核心定位方面，供应链整体应当建立起信任机制与激励机制，从而鼓励核心企业在供应链网络物流协同过程中起到核心的关键作用。除此之外，建立起以核心企业为主体的利益分配机制和信息协同机制。由供应链核心企业负责牵头，通过搭建上下游子公司，实行信息协同管理，保证供应链整体的利益最大化，实现"一家执行、大家监督"的利益分配机制，从而避免多头并起导致的利益冲突、集权利益，给供应链整体带来损害。

以虎门港集群产业供应链转运中心为例，虎门港地处东莞腹地，依托周边广州、深圳以及香港等几个经济发展高度发达的城市圈，吸收珠江三角洲经济带发展巨大红利，地处中心，建立了完善的产业配套物流网络以及交通设施，大大提高了产业生产能力。虎门港的核心地位从以下几个方面体现出来。

第一，处在经济发展的中心地带。虎门港依托强大的周边城市的物流配送需求，不断建设完善强大的物流运输网络，吸引地方政府在其周边建立产业聚集区，形成产业集群态势，优势互补。虎门港周边包括五个大型产业区、沙南粮油加工制造产业区、南部加工贸易产业区、西大坦物流服务产业区、泥洲岛高新技术产业区、沙岛精细化工产业区、利用重点领域进行产业布局，提升企业整体能力，提高产业布局能力。

第二，拥有集群产业集中创新优势。根据钻石模型可以将区域的产业集群功能要素区分为四个方面，分别是生产、需求、支持以及战略结构状况。从生产要素方面来看，虎门港背靠东莞，临近大湾区，辐射粤南诸多特大型城市，产业结构布局合理，吸引众多投资者接入，在资本资源、基础设施、自然资源等方面有着不可比拟的优势。

第三，建立引导政府协同激励政策导向，促进物流协同发展。利用民间组织加强供应链网络各主体与政府部门的沟通与协同，建立政企联盟，发展政企联盟战略、运行战略，在市场、文化、技术等方面通力合作，打造一体化沟通协作策略。当地政府利用虎门港优越的地理位置以及周边产业发展情况，积极吸引人才，搭建政企合作平台，做到企业要求的事情政府可以及时响应，为企业提供应有的便利，大大提升了企业物流运转效率。除此之外，虎门港集群产业供应链转运中心积极建立健全完善管理机制，明确制造业物流协同创新新目标，并进行有效性分解，不断下派至供应链周边企业，缓解企业运行过程中可能存在的价值观与文化冲突，为虎门港的转型升级打下了坚实的基础。

二、搭建云仓储与云物流模式

基于阿里巴巴强大的数据基础与信息平台建设能力，在搭建电商供应链网络协同运作平台的同时，通过云仓储与云物流的有效整合，电商物流的效率大大提高。

（一）云仓储与云物流的内涵

云仓储是指建立在全国各个省、市、地、县的仓储网络，利用大数据、云计算等高科技技术，通过对数据的整合、分析、分类，将物流进行链接，并对不同时刻不同地域不同商品的物流需求进行预测、挑拣、配送，实现仓储发货极速化、高效化、零延迟。云物流指的是通过建立合理云上物流运作平台，利用数据快捷传输的功能和技术，将客户可能下单或者有意向下单的商品进行优先配送，及时进行配送前打包处理，并通过 SaaS 及时反馈给供应链网络各平台企业，实时跟踪物流信息，大幅度提高运作效率的一种物流模式。

近年来云仓储与云物流发展得到了快速推进，取得了长足进步，而实现云仓储与云物流的关键在于实现供应链网络云仓的建设，并实现网络内仓库商品的合理分配，而这些往往依靠大数据提供的坚实基础和强力算法得以实现。

我国云仓可分为以下几种类型：

（1）3PL 单仓或少仓的布局。传统的云仓布局在于以量取胜，各供应链网络核心物流企业在全国各个地市布局大大小小的单独仓位，虽然仓数众多但往往是独立核算独立经营的个体，彼此之间毫无联系。仓库之间无法取得联系，无法做到资源共享、信息整合、数据整理、数据分析以及信息反馈，从而在物流协同方面、提高运转速度效率方面往往相对于其他云仓有着较大的劣势。

（2）3PL 大规模仓储系统。相较于传统单仓和少仓的分布，大规模 3PL 仓储系统在数据传输和协同性上有了长足的进步，它们在仓库间实现了数据的互联互通，并通过吸收消费者数据，反馈至对应供应链网络各主体，进一步缩短了工厂产品与消费者的距离，实现了减少物流成本、提高物流效率的最终目标。其次，3PL 大规模仓储系统拥有较大规模的占地面积以及非常完善的非人工操作系统，对于物流企业的运转效率有着较快的处理能力，业内如顺丰云仓、苏宁云仓，通过对物流企业的自动化操作，达到效率提升 50%，实现即收即发。

（3）全国性大型云仓布局。菜鸟、京东在大型云仓储布局方面，利用独特自主的大数据分析能力，根据数据分析的结果分配库存商品，完善商品的挑拣分类配比自动化过程，根据货主信息，实现全网分配，合理安排，统一管理。全国大型云仓储布局，建立华中、华北、华南、华东、华西五个方向特大型仓储运输机构，实现供应链网络核心物流企业布局，不断完善上游企业货物补给、资源集中以及管理配合，并且通过大数据分析和预测，提前合理配置资源，大大降低物流配送时间以及成本，减少损耗，实现物流高效率运转。全国大型云仓布局利用云仓平台的专业化分工与合作，实现数据系统自动配货，供应链供应企业自动发货，物流自动适配，使得消费者与商品的距离更近一点。其次，在利用社会中小企业电商运营方面，大型仓储平台通过建立健全共享平台运营机制，建立全国性仓储配套服务系统，使用科技管理服务，利用管理控制信息传递，搭建仓储网络，完成就近拣货、就近发货。

（二）云仓储与云物流的实现方式与价值

云仓储与云物流模式在我国得到大力实现，并越来越成为物流企业转型的实施目标，主要体现在以下几个方面。

（1）整合资源，实现资源共享。供应链网络通过建设多种先进的物流技术设备以及大数据新兴互联网技术，对数据进行整合利用，并进行共享。在数据分析和整理过程中，不断精细化供应链核心物流的学习能力以及对于客户端的描绘画像，获取充分详细的市场信息，开展精确化业务布局，提高服务质量与效率。在资金消耗方面，往往由于不同主体、不同地域甚至不同国家对于物流开展的政策和条例各不相同，中间环节通常情况下会消耗大量的人力成本和资金成本。通过大数据平台建设云物流服务体系，可以了解各地域与各国通关策略，提高清关效率，并在适当的时候进行清关服务，提高物流核心企业的附带价值，提升供应链网络物流协同效率。

（2）强化物流路径，减少中间环节，降低成本。市场信息不对称、技术壁垒以及云计算云物流管理平台的操作能力均是供应链网络物流协同中不可避免的困难与阻碍。一方面，市场信息的不对称导致供应链各主体之间对客户群的描绘不够精准精细，通过建立健全资源共享平台、云物流运营平台，可以降低企业运行成本，降低企业负担。另一方面，突破技术壁垒，利用大数据、云计算等数据分析技术，建立物联网协同合作机制，优化物流企业的配送路线以及配送效率，提高云物流基础平台建设进度，增进供应链网络管理平台管理水平，减少空载率、降低闲置率，达到强化路径、降低成本的效果。

（3）扩展业务范围，提高供应链网络核心物流企业增值服务。通过云物流平台的资源整合能力以及管理平台操作能力，利用大数据分析技术细分客户需求，利用第四方企业提供物流增值服务，提高企业价值，构建物流协同运输体系，提供物流企业之外的其他增值服务，转变物流企业为服务企业，以服务为导向，链接供应链网络各主体与客户端。

在实现供应链网络云仓储、云物流模式中，如何在具体实际操作中运行，是至关重要的部分。本研究以阿里菜鸟物流为例进行分析，在阿里的菜鸟物流运输体系中，如图7.2所示，仓库与核心买家之间通过云核心进行联系，在物流运输方面通过外包和就近拣货的方式高效运行。

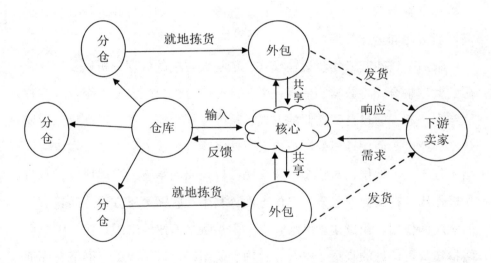

图 7.2　云物流分仓模式示意图

首先，做到实体分仓。实体分仓就是根据消费者的分布，对互联网零售企业的仓储地点进行提前布局，将商家的货物提前运输至指定的仓储地点，从而在电商系统中遇到消费者的订单后可以及时地从距离消费者最近的仓储地点发货，减少运输时间，提高物流配送效率。国内众多物流运输平台均设立了不同程度大小的分仓仓位。例如，京东在华中和华南均设立了较大的全国性集散仓位；顺丰与大型电商达成战略合作协议，在全国通过网络与信息化设立，建立全国性大型分仓与地级城市分仓模式，建立信息、仓储、主线、次线一体化配置，实现多种仓位融合发展。

其次，通过对社会物流资源的整合，将各信息数据进行整体归总至云仓储的云平台，构建社会化仓储服务平台，为供应链网络各节点企业包括商家、平台、运输企业以及消费者带来了长期的便利。通过建立云中心平台，积极收集各供应链主体生产经营信息以及订单情况，并上载下游客户基础信息、行为偏好、订单程度等一系列信息并进行分析，提高产业链协同运作效率。

最后，搭建起云物流运输模式，依托大规模的数据分析以及信息资源的共享整合，将数据、信息、资源进行整合再分配，使得企业与客户联结在一起，通过自营加盟的方式，精准分配运输任务，提高物流运输效率与速度。使用外包的运输模式，使得物流模块能够在整个供应链网络中处于核心地位，对整个产业的完善以及突破物流的发展瓶颈，具有积极作用。在建立外包分配单位方面，利用互联网第三方快速运输、及时响应的作用，积极建立网络仓库、中央联络枢纽等组织机构。中央联络枢纽负责信息的收集、整合、管理、使用以及资源分配，网络仓库通过互联网络技术实时传递客户信息以及下游接收方信息，运行自动化流水线配送平台，就地拣货，在动态拣货动态分配的情况下实行精准化操作，大大降低了企业运行成本，提高了物流协同配送效率。

第五节　制造业集群供应链网络信息协同策略

制造业集群供应链网络管理中，协同的根本之处在于协调供应链上各个子部分的关系，包括资源、流程、技术以及信息。而信息的协同作用，又是供应链网络协同中最为关键的一环。

一、传统制造业供应链信息传递局限

传统制造业集群供应链信息协同在成本、质量以及过程三个方面有着较为显著的局限与不足（段利均，2020[①]；洪琼，2013[②]）。

（一）成本方面

由于传统供应链网络各节点的经济实力参差不齐，在不同层次上各个节点对供应链系统的投入不尽相同，从而导致信息的传输并不匹配，而后期基于互联网的信息集成系统的统一部署也无法圆满完成，产生了更高的维护成本以及培训费用；同时，存在供应链网络各主体间信息传递的安全性问题，例如对客户机密信息的泄露，对各主体之间机密的泄露，都对各方信用成本造成了不小的影响。传统供应链信息协同由于人工操作较多，网络设备以及网络技术使用不够完善，网络安全技术需要投入较高的维护和开发费用，特别是利用多个设备管理器与服务器进行数据传输的传统产业，维护起来更是难上加难。由此看来，传统供应链

[①] 段利均. 供应链信息协同中信息安全概述 [J]. 信息与电脑（理论版），2019（6）：197-198.

[②] 洪琼，张浩. 物流园区供应链信息协同机制研究 [J]. 物流技术，2013, 32（21）：374-376.

信息协同过程中，成本因素是巨大的影响因素之一。

（二）质量方面

传统供应链的抗风险能力相对来说也较为低下，由于缺少供应链信息系统部署的一致性，其被网络攻击的风险大大增加。在数据方面，还停留在大面积的人工处理层次，导致数据产生了严重的滞后性，不利于信息的实时共享，对制造业集群供应链信息协同作用效应并不显著。在物流信息系统建设方面，传统供应链网络信息系统局限性较多，无法进行全程跟踪、实时监控。在管理水平方面，传统供应链的人工管理方式落后、不及时，且效率较差，相比于全自动化的机器运作，在运行效率、组织模式，以及物流功能方面均有着较大的落差。在物流服务方面、传统供应链网络信息协同方面，物流企业仅仅提供物流配送服务，而各主体信息均不具备协同、共享、共生的条件。地缘限制、资金成本过高以及产业结构僵化，保护主义等因素都对此有着较大的阻碍。

（三）过程方面

传统供应链存在协同过程的中心化管控以及契约机制问题，当核心企业在供应链网络中发挥着绝对的效用、占据绝对话语权的时候，也滋生了腐败以及权力制霸，导致其他企业对资源的利用效率降低。监督方面，审计的监督作用较为单薄，外部审计的注册会计师囿于风险导向无法或者很难全面做到内部控制审查和舞弊披露，内部审计由于人际关系等因素也无法做到尽善尽美。供应链网络核心企业对于上下游企业的支撑作用以及贡献力度，往往取决于行业自律，其中隐藏着巨大的隐患。

二、集群供应链网络信息协同优化策略

在进行制定制造业集群供应链网络信息协同优化策略的过程中，企

业应当将关注点聚焦于销售商—制造商—供应商的核心链条，引入区块链技术，从物流、库存以及采购三个方面切入改善供应链网络信息协同效应。利用区块链技术，建立区块链信息系统计程系统，对制造业集群供应链网络进行层次切分，对应用层、核心层以及数据层的信息进行整合优化、去中心化管控。

如此一来，在数据层次上，供应商所需求的采购订单的审核、物料采购信息以及下游需求信息，制造商生产计划、产品设计信息以及库存管理信息，销售商客户需求信息、产品销售信息以及需求预测信息都能够在数据层依托区块链信息管理系统进行整合优化，并进行下发分配。区块链将整合后的信息进行数据下发，核心层接收数据并进行识别，从而实现自动从核心层到应用层的过渡，提升制造业集群供应链网络各节点企业的智能化管理水平，建立起高效有利的供应链网络协同运作系统。

通过区块链技术的加持，信息协同技术在制造业集群供应链网络各节点企业的企业信息，包括资源、运营以及市场等各项数据能够实现即时的共享与交流。在组织、流程以及信息安全三个方面的协同运作，以协同机制为前提、技术为支撑以及共享机制为基础，通过搭建区块链供应链信息集成系统，从而达到供应链网络各节点企业的协调发展。

总结下来，通过区块链技术加持的供应链网络技术协同机制，相较于以前有了巨大的飞跃，体现在以下几点。

第一，传统供应链网络囿于人为因素和人工操作的不及时、不便利性，对于智能化操作实现不够。通过建设区块链技术平台，基于 SaaS 平台进行技术改进和数据分发，能够不断提升供应链各主体的响应速度，同时降低延迟频率，减少成本。

第二，利用供应链网络信息协同优势，建立健全数据库资源协同机制，在数据采集、数据分析、数据处理、数据共享等方面建立长效合作机制，建立共享云储存平台，从广度和深度两个方面进行数据的高度协同化操作，完善协同系统，通过共享数据，得到共享客户、共享资源，实现资源配置最优化。

第三，利用区块链技术实现供应链网络信息协同数据滞后优化策略，实现共享和同步两方面的合作，实时查询、实时跟进，不断完善核心企业决策合理性和提高核心公司运行效率。

第六节　制造业集群供应链网络创新协同策略

制造业集群供应链网络创新协同的动因，归根结底可以总结为三个方面的协同作用与策略，一是技术方面的创新协同，二是知识方面的创新协同，三是服务方面的创新协同。对于供应链网络中各节点企业来说，灵活合理地把握三个层次的核心主旨，积极进行系统制度的搭建，通过大数据等高科技技术与工具进行内部知识与资源的整合，就能够实现制造业供应链集群网络创新协同（李世杰，2013；康宇航，2018）。[1][2]

一、制造业集群供应链网络技术创新协同策略

技术创新指的是企业在生产技术或者在已有的生产技术的基础上对产品制造等工艺流程进行的更新改进。从微观上来讲，技术创新是企业

---

[1]　李世杰. 装备制造业集群网络结构与创新优势研究［D］. 沈阳：东北大学，2005.

[2]　康宇航. 主导企业对集群网络协同创新的影响研究：辽宁高端装备制造业为例［J］. 价值工程，2018（9）.

保持良好市场竞争力、提高企业战略能力的重要支持部分；从宏观上来讲，技术创新所形成的优势技术壁垒，也能够保持企业拥有较大的战略竞争优势。制造业集群供应链网络各节点企业相互沟通的频率较为频繁，彼此往来较为密切，在构建协同创新的技术联盟时有着天然的技术优势和心理优势。

制造业集群供应链网络创新协同的基石在于技术层面的创新，通过对技术研发的不断深入，在充分了解市场需求以及行业趋势的情况下，集群企业互帮互助、取长补短，发挥核心企业的功能性定位，从而大大提高制造业集群供应链整体的市场竞争力。

（一）技术共享

在供应链网络中进行技术共享，并通过收益回流的方式实现技术的内销，以提高联盟总体技术创新水平。同时，在应对技术创新过载而带来的各种风险的情况下，制造业集群供应链网络各节点企业应当合理根据自身经营状况与财务现状，合理规划投融资决策，制定更加详细与抗风险能力更强的营运策略，从而最大化地实现企业最大的竞争力；其次，在技术创新方式上，充分利用供应链网络各节点企业自身优势，取长补短，加强集群内部知识的学习，提高沟通质量，对技术优势进行有效集成，并通过核心企业进行下部影响。

（二）数字化驱动

随着市场环境的不断变化，智慧化物流模式以及供应链网络协同机制的不断成熟，以大数据、云计算等数据驱动为主要推动因素的数字化进程得到了空前的发展，获得了广阔的应用空间，供应链网络协同运作迎来了巨大的发展机遇。在新零售时代，通过数据驱动，供应链各主体打通线上线下渠道整合沟通，实现供应链全渠道升级，加快物流运转速率，改进供货机制，实现平台全主体可持续发展。

首先，通过对供应链网络各主体进行数据节点建设，构建数据联通体系，实现信息共享，打破市场信息不对称障碍，使得供应商上下游能够实时了解企业库存状态，根据库存状态合理配置供应，实现仓储管理智能化。其次，利用供应链网络数据管理平台进行统筹监督，实行数据资源自动分配、智能选择，将分散的碎片化的供应链活动进行链接，提高整体供应链网络执行效率，降低成本，提升企业供应链管理水平。最后，利用闭环结构，将上游供应链生产的商品通过数据形式交付下游，实现信息链条闭环过渡，下游将需求交付上游，提供准确及时的数据信息，精细化供应链网络管理。

（三）数据联盟

实现制造业集群供应链网络技术创新协同，利用多级供应商、多级分销商、多个核心组成的网络，在信息时代的背景下，形成点对点、线对线、面对面的网络结构，共享数据，共生发展。

从行业的角度来说，建立健全不同行业、不同企业间的数据联盟关系，实现下游信息、中端信息、上游信息互联互通，利用大数据分析技术，实现资源与数据整合，并再次分配。在我国互联网供应链中，阿里巴巴收购微博股份，实现了数据的整合关系精细化与规模化，通过微博这一国民社交平台，整合中、少、青三个年龄段主力消费人群的喜好与偏爱，根据数据反馈的信息有针对性地进行购物推介，减少终端用户寻找宝贝购买的时间。

从信息安全的角度来说，设立数据联盟安全监督管理委员会，建立健全数据安全、数据加密保护机制，能够避免某个企业唯利是图，从而形成共建共管；行业自律、政府引导、协会管理的新局面。

从成本控制的角度来说，数据联盟突破了传统信息孤岛的闭塞局面，实现了数据共享公用，减少了供应链网络不同节点对于数据清洗、数据整理的成本，帮助上游供应商以及具有相同或相似需求的供应商统筹规划，统一管理，统一分布，实现整体大于局部、成本优化的效果；其次，通过网络优化，实现长期长足的不断维护机制，评估供应链网络技术创新影响协同作用的能力，在配送、仓储、物流等环节实时严格监管，科学降低成本，为供应链整体营造利润。

二、制造业集群供应链网络知识创新协同策略

知识是人类社会对物质和精神世界探知所得结果的集合，是人类社会区别于动物的本质之处。在新时代下，面对外部环境的不确定性因素不断增多，企业对于知识的管理有着更高、更精准的要求。制造业集群供应链网络各节点企业中，知识创新是技术创新的重要支撑保障，对于知识创新来说，创建创新协同运作模式必须以知识创新作为中心主体，并构建开放和协作的运作机制，从而保证供应链知识创新能够在制造业集群供应链网络中进行有效传播与分享。

（一）建立健全产学研供应链网络知识协同创新机制

在这一过程中，产学研一体化是解决制造业集群供应链网络知识创新协同最为有效的策略。通过对高校、科研院所以及制造业企业之间的相互协同，从而实现共赢。首先，高校与科研院所通过对市场的细致分析，运用学校的庞大的资源优势与人力优势，并且在和企业沟通的过程中更好地把握市场方向；制造业集群各节点企业通过自身的行业积累，将高校与科研院所进行有效的引导，建立起高效高速的成果转化通道，加快创新协同运作效率，节约因为盲目研究而浪费的科研与创新资源。

其次，在创新协同转化的过程中，通过建立健全对知识成果的转化制度与渠道，加大高校与科研院所的人才知识聚集效应，更好地促进学校人才与社会人才的转换，更好地利用高校与科研机构的创新资源，以提高自身创新水平与市场竞争水平。

例如，江西中医药大学与华润江中药业在产品研究、科学实验以及科学分析方面取得了长效进展。知识协同战略依托于知识创新、市场竞争环境以及内生性经济发展等因素，比如知识需求和技术创新，通过将学校的科研实力与企业的研发实力相结合，打造产学研一体化平台，实现江中药业协同机制的不断完善。通过大学与科研院所对于江中药业的知识转移，包括人才借调、专利使用权、科学仪器共享等一系列举措，江中药业建立健全了产学研一体化平台，搭建了国家一级中药研究中心，并通过良好的产品输送、利益分配的方式对大学和科研院所返回所得，实现互利共生的可持续发展。

（二）构建供应链网络主体知识模块化

知识模块化是指将企业的生产技术和知识要素进行重新分割与组合，并通过专业化分工以及合作对供应链网络各渠道商实现互利共通的效果，以便达到知识流动能够在供应链网络中起到更好的效果。

第一，通过知识模块化能够使原本松散的层次组织变得更加紧密。在知识层次的理论中，松散的层级往往会带来不可估量的知识缺口。而对于供应链整体来说，知识缺口的弥补工作非常困难，由于整体性的设计和松散的层级关系，原本能够通过供应链各主体间合作弥补的缺口变得效率不高。时间成本以及人力资源均为影响知识缺口导致供应链网络知识协同创新的重要障碍。而通过模块化处理，能够使得原本的知识缺口以及松散的知识层次变得更加具有耦合性。除此之外，模块化的知识结构能够为企业知识流动提供平台和分类依据，使得相应的知识图谱能够被快速找到，实现高效率的运转。

第二，知识模块化设计不仅能够提升组织柔性，同时还能提高系统性吸收知识的能力。供应链网络通过对内在架构和组件之间的重新组合，增加耦合组织面积，能够更加有效地配置知识结构，完善知识传播机制，分享知识资源，提高物流效率。特别是对于制造业集群供应链网络来说，异质性知识服务往往能够帮助集群各核心主体衍生出新型的业务流程和新的研究方向，提高供应链网络主体活力，增加知识流动性，为提供技术性知识创新提供基础保障。

三、制造业集群供应链网络服务创新协同策略

在制造业集群供应链网络中，存在各式各样的中介机构向企业提供财务、法律、金融以及咨询等服务。这些服务机构从本质上来看可以对供应链网络中的供需市场进行填补补充，有效调节了供需关系，成为促进制造业集群内部供应链各节点企业供需关系平衡的重要力量。

（一）渗透参与

为了更好地帮助供应链网络各主体从生产型企业转变为服务型企业，可以构建供应链网络服务创新协同影响机制，引入初创企业或者孵化属于供应链网络主体的服务型专门性机构，对供应链整体从事服务型工作。利用 SaaS 核心平台，搭建供应链网络服务中心，构建网络数据与信息中转平台，实现上下游数据互联互通，解决临时性突发问题，形成风险应对方案，针对可能出现的各种问题提供预备方案，从而解答供应链主体的各项问题。

现阶段供应链网络服务型创新协同中，利用大数据方式，构建系统

化操作平台，接入 ERP，通过虚拟协同操作平台，将各主体的需求数据、生产信息、库存信息、物料信息进行共享，避免了因为信息不对称而导致的浪费，节约了管理成本，降低了损耗率。

（二）建立健全咨询机构独立服务体系

利用第三方咨询机构，包括会计师事务所、律师事务所，以及金融服务中介机构等第三方独立机构为供应链网络提供专业服务，解决供应链网络中出现的短暂性专业化分工不明确、专业程度不高的问题。制造业集群在日常经营活动中，对于财务问题、法律问题的解决往往显得有些力不从心，虽然公司设立财务部门以及法律部门，但是大规模的费用审核以及法律合同使得这两个部门的工作量已经较大，加上职位深入的问题，专人专岗往往会导致无法出现能够应对突发状况、具备良好综合素质的人。因此，第三方专业机构通过流程化学习，可以为供应链网络各类主体提供标准专业服务，利用专业的知识为企业打通互联互通的障碍。由于大部门的流程具有一定程度的相似性，第三方机构能够在较短的时间内处理数据整理、数据分析以及后续的排版、发布、公告等一系列复杂的事务，提高供应链网络整体的运转效率。

（三）高端精细化人才管理

通过猎头等机构进行高端人才挖掘，为供应链网络部门核心主体提供高端人才、高端咨询服务，研究行业战略发展方向，为企业未来定性定调。在高端人才战略选择方面，专业的人才服务机构，通过大数据分析以及数据清洗的方式，为企业高端战略提供人才供给。

总体来说，提供制造业集群供应链网络服务创新协同的主体共有三种形式，它们都是独立存在于第三方的中介咨询机构，为各自客户服务提供价值，既包括一部分社会公共职能同时也有着自己的盈利价值。第一种是直接参与初创、孵化企业的服务主体，通过参与初创企业的战略性决策，帮助初创企业厘清发展方向；第二种是帮助供应链企业上下游提供法律、财务、产品、管理以及情报等资源咨询服务的主体，它们通过在各个领域广纳人才，培养了一批专业人才针对供应链节点企业进行透彻分析，以第三方视角为企业提供知识创新服务；第三种是针对技术和人力资源等高端层面的咨询服务，如猎头机构与技术专利交易市场等，它们穿插在供应链网络各个环节中，根据节点企业的各种不同需求进行特殊化服务，对于供应链创新协同决策起到了关键的推动作用。

第八章

制造业集群供应链网络协同实例分析

第一节　江西陶瓷制造业集群发展现状

尽管江西省景德镇、高安、萍乡及丰城等陶瓷产业集群已被列为重点特色产业集群并受到了一定的重视，且当前各地涌现的陶瓷工业园区也具有典型的代表意义，但从全省整体看来，还普遍存在集群定位模糊且部分交叉、企业创新能力不足而模仿严重、企业过度进入且规模不大、产品偏价格战且持续走低、企业和研究机构及高校缺乏有效合作及互动、相应技术及管理人才缺乏等典型问题。

以景德镇为例，虽然在当地工商局注册的陶瓷企业有数千家，但绝大部分企业年销售额都在500万元以下，能够达到500万元以上的企业不过百余家，而年销售额过亿的陶瓷企业更是屈指可数；由于长期受"瓷老大"观念的影响，大部分企业都以制造艺术瓷为主，不屑于去做技术含量低、附加值低的日用瓷，而艺术瓷的生产难以实现工业化、规模化；另外，景德镇在建筑陶瓷方面也有所投入，尽管曾引进特地、金意陶、乐华等知名建筑陶企，但这些企业目前都只把景德镇作为一个生产基地，其公司总部和营销中心仍设在佛山。景德镇陶瓷产业集群自身形成了日用陶瓷、艺术陶瓷、工业陶瓷、建筑陶瓷、电子陶瓷、特种陶瓷等门类齐全的大陶瓷格局，但是产业重点不明确导致自身特色不明显、发展后劲不足，仅有少数产品有一定知名度和影响，缺少国际知名品牌产品乃至中国驰名商标产品。另外，景德镇有中国唯一以陶瓷为特色的本科高等学校——景德镇陶瓷大学，具有如此人力资源优势的景德镇，按理说其陶瓷业应该是人才济济，其实不然，景德镇陶瓷业人才还是比较匮乏。首先，景德镇虽然有几十位国家级工艺美术大师，但却很难支撑起全市的陶瓷业，因为整个陶瓷业的发展不仅需要手工熟练的美术大师，更需要懂管理的高级管理人才和懂自动化生产的技术人才。其次，景德镇虽然有培养陶瓷专业学生的高校，但由于产学研的分离，其研究技术很难快速转化成现实生产力，加上陶瓷专业毕业的大学生留在景德镇的少之又少，人才流失很严重。另外，由于景德镇经济水平比较低，加上陶瓷业没有制定有竞争力的优惠政策，很难保留、吸引从事陶瓷业的高级人才。

作为江西省具有代表意义的高安陶瓷产业集群、萍乡陶瓷产业集群与丰城陶瓷产业集群同样也多多少少存在和景德镇相似的问题，影响和制约着陶瓷产业集群的持续健康发展。基于江西省陶瓷产业协调发展及陶瓷产业集群规范运行的需要，从产业集群供应链错位协同发展角度来实现各陶瓷产业集群转型升级、竞争力的提升及有序运行，非常必要。

第二节　江西陶瓷制造业集群供应链网络构成主体及联结模式

　　陶瓷产业创造价值的过程，是由一系列互不相同而又相互联系的增值活动组成的，包括研究、开发、设计、试制、原材料与设备采购、产品生产、仓储、运输、搬运装卸、销售等环节，这些环节形成一个完整的链状网络结构，即陶瓷供应链。按陶瓷供应链生产作业流程划分，一般可细分为瓷土采掘、原料炼制、成型、彩绘、烧炼、仓储、运输、销售等生产工艺环节和销售环节。各企业、机构按照专业化及职能分工原则分散于集群地域中，它们之间相互依赖，从而使相关企业集聚，逐步形成陶瓷产业集群供应链网络。

　　在江西省政府的大力扶持和产业调整措施下，江西的陶瓷产业已经基本形成以"日用陶瓷、艺术陶瓷、建筑陶瓷、精品陶瓷"为主导，以"景德镇、高安、萍乡、丰城"四大陶瓷工业园区为主产基地，宜丰、九江等地区为补充的江西陶瓷产业集群网，具体如图8.1所示。

　　江西陶瓷产业集群中，"景德镇日用陶瓷产业集群""高安建筑陶瓷产业集群"和"萍乡工业陶瓷产业集群"被列为"江西省重点产业集群"发展对象，另外，"高安建筑陶瓷物流产业集群"成功跻身2016年"江西省五大省级重点推进物流示范产业集群"行列。

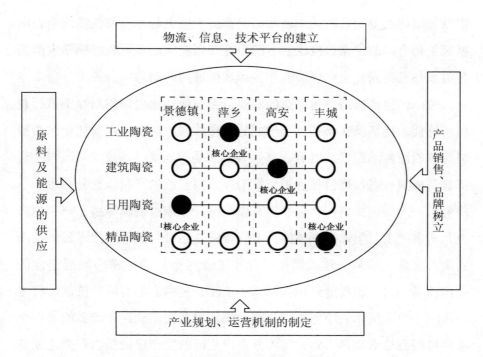

图8.1　江西陶瓷产业集群供应链网络

第三节　江西陶瓷制造业集群供应链网络协同机理
及模式

　　陶瓷企业在江西产业集群内属于劳动力密集型的传统产业，其特征主要在于成本优势。推动江西陶瓷企业更为科学合理的发展，需要构成制造业集群供应链协同网络，推动本地化的集群供应链整合向区域化过渡。根据这一思路，首先应根据陶瓷生产的工艺关系，确定企业的上下游关系。接着逐步按一定的协约让同层企业形成相对紧密的联合体，或根据订单促成更为紧密的横向动态联盟的供应链联系。在此基础上,依据区域化合作的思路,促成上下游企业和横向同层企业联盟根据生产工艺关系与其他陶瓷生产区域合作,形成区域间的动态联盟关系。

第一,生产协同。陶瓷业的专业分工与弹性化生产体制源于该行业独特的技术特征及在此基础上形成的生产体系。江西陶瓷业从瓷泥和釉料等基础原料的配置,再到制坯、装饰、烧窑等几个主要环节的分工,都非常成熟。以景德镇品牌工作室为例,陶瓷的生产制作充分利用了不同资源:①将坯体制作转包手工匠作坊;②装饰、绘画等则充分利用当地艺术家或工艺美术家群体的技术资源;③还可与其他工作室及大型陶瓷生产企业(如高安建筑陶瓷和萍乡工业陶瓷)建立横向同层企业的合作关系。这一制造进程积极调动了工匠、艺术家等群体的价值,将之纳入同一个价值创造序列中,共同为向消费者提供差异化产品而进行一系列价值创造活动。因此,完善整个产业链的生产建设是陶瓷文化创意产业集群的重中之重,在此前提下,着重发展产业链中附加值较高的研发和设计环节,大力拓展产业链条,疏通产业链的全体环节,形成从设计之始到销售终端全链条配套齐全的循环生产系统,利用资源配置的集聚优势,形成经济的规模和范围效应,避免产品同质化与低价值的市场竞争。同时,努力推动以龙头企业为基础的整条产业链建设,以促进产业标准形成与资源优化配置。

第二,市场协同。一方面,共享销售网络。可对集群内企业集聚的地理空间优势加以利用,以降低交易成本,制定和调整营销策略时亦可依据该网络反馈的市场信息,降低各方面交易风险。如对于景德镇高技术陶瓷产业集群来说,共享销售网络可以实现规模经济的效应以增强抵抗力,从而使大多数技术单一、产品品种少、规模较小、管理理念陈旧的企业实现抱团营销。当下网络信息技术更新换代速率加快,切近整合新兴网络信息技术以充实共享销售网络也是必要举措。另一方面，促销合作。龙头企业在集群内一般拥有品牌优势与技术优势，可以构建"大企业+"的双边或多边合作团体，推动合作促销，以龙头企业带动集群内其他中小企业。大企业能否良好发挥"明星效应"关乎整个区域产业实力形象的提升，亦关乎集群竞争力和联合企业竞争力的强化。

　　高技术陶瓷行业协会及专业营销中介的作用必须得到充分发挥。首先，有效推动集群中相关协会、职能部门如行业协会、商会等进行联合营销。行业协会在沟通协调集群内部企业间、企业与政府间的作用值得重视，公共组织所提供的平台、信息也有利于集群的区域推广、信息沟通。其次，社会分工与专业化原则同样适用于技术陶瓷行业。在制造生产之外，陶瓷产业集群产业链的概念同时也包含高技术陶瓷品牌专业代理商、高技术陶瓷营销策划公司、高技术陶瓷广告策划公司、专门针对高技术陶瓷企业的金融机构等部分。这些企业的非生产性与"中介性"决定了它们在发展自身业务时必须与高技术陶瓷企业合作。辩证地看，高技术陶瓷企业在相关协作中也能获得积极价值，而从后者角度，为了促进本公司的更好发展，也十分需要这些协作，双方的相互需求与配合，对于营造集群内部企业间的合作营销氛围非常重要。

　　近些年来，随着陶瓷产业的升级发展、区位条件的变化，以及御窑厂、三宝瓷谷、陶瓷博物馆等分会场的布局，景德镇陶瓷正在逐渐实现产业迭代升级，向瓷博会等高端精品路线发展。景德镇陶瓷企业界和艺术界通过频繁参加北京、上海与厦门等地的瓷博会、茶博会等会展活动，来配合景德镇陶瓷企业和经销商进行品牌宣传。在以市场需求和企业自身发展的双向选择主导下，大部分江西陶瓷企业或工厂纷纷开始建立自身的销售渠道。从陶瓷原料产地到制成品，再经渠道流通至消费者手中，中间的渠道正在逐渐缩短，企业响应市场需求的速度正在不断加快，这是景德镇陶瓷企业弹性化生产的重要特征。提高产业弹性化意味着，企业有机会共享销售渠道，整合市场信息资源。充分结合市场机制与现代物流，有利于发挥市场对陶瓷产业集群的拉动效应。而拉动产业集群发展，有利于景德镇陶瓷产业在区域竞争中突出地方特色，培育出辐射全国和面向国际的陶瓷产品集散中心。

事实上，对于陶瓷制造业集群企业而言，建立品牌联盟是集群企业实现区域品牌的有效途径。企业可以寻求与集群供应链网络上的其他企业之间的协作运营，来提高品牌附加值。通过协同运营来整合新老品牌的社会影响力，形成区域合力。陶瓷产业形成区域合力有助于构建景德镇陶瓷产业的强强联合，优化区域范围内的品牌环境。

第三，资源协同。通过整合供应链资源形成产品集散中心、价格中心、信息发布中心和质量检测中心，有利于打造景德镇陶瓷制造业集群供应链网络的区域合力。通过对景德镇陶瓷制造业集群供应链网络的各个成员进行资源和信息编码，构建景德镇陶瓷制造业集群供应链网络协作的资源库。整合资源库有利于为供应链网络成员完成目标提供必要的信息和资源，从而提高江西陶瓷制造业集群供应链在产品价格、响应速度和反应时间等方面的竞争力。江西陶瓷制造业集群的生产资源主要包括地理资源、文化资源以及人力资源等。在地理资源方面，江西陶瓷制造业集群业已具备艺术陶瓷总部经济的特征，借助诸多特色工业遗址、陶瓷古遗址和陶瓷村落等历史资源，依托市场要素打造了多个陶瓷文化创意区，成为全国艺术陶瓷的重要集散基地；在技术与文化方面，江西陶瓷制造业集群具有得天独厚的历史文化环境，作为世界陶瓷的重要发源地，其悠久的制瓷历史和丰富的瓷文化氛围，都是其他地区不可假借的独特资源；在人力资源方面，创意人才与企业家资源作为发展陶瓷文化创意产业的中坚力量，在江西具有良好的内外部环境——本地高校特色鲜明、实力健劲的专业教育为陶瓷文化创意产业提供了源源不断的创作与管理人才，在此之外，集群内的人才引进制度建设与绿色通道的开通都为创意人才的加盟提供了有益助力。

第四，创新协同。文化创意产业具有显著的知识性和融合性，该特性意味着陶瓷文化产业集群的发展极具空间，创意者自身所具有的知识就是产业内不同位置价值创造的工具，从而能够实现理念与工具的一体化。吴德进（2004）认为集群创新系统主要由核心价值系统、支持价值系统和环境价值系统三大系统组成。核心价值系统和支持价值系统是指核心产业中的创意提供者、创意生产者以及消费者在产业价值链上所进行的价值传递活动。通过链状网络的知识共享，集群内的成员在不同环节的专业化，能够有效增强整体供应链的专业水平。从景德镇大千集、洛可可以及闲云居等企业的产品类型来看，陶瓷文化产品从原来的茶具、餐具等逐渐转向家居设计、空间设计以及其他日用生活场景等更有价值的环节，这也为其与集群内其他成员的合作提供了更大的空间。

推动陶瓷文化产业集群演化需要策动各方面动力源。知识技术创新是推动其演化的重要内在动力，构建知识技术创新体系是陶瓷文化产业集群有序、持续发展的内在根基，对于陶瓷文化产业集群演化颇为关键。外在制度建设也能提供重要动力，地方政府职能的创新在这一方面极为重要，地方政府有针对性地出台推动陶瓷文化产业集群产业链向区域化过渡的法律政策，是源源不断的政策动力的来源。在经济全球化及国内经济实行供给侧深化改革的背景下，前述各创新网络资本系统参与主体，包括企业、大学与科研机构、中介服务机构、政府等，都须瞄准知识技术创新这一目标，以实现联系、结网与融合。通过产学研、中介服务机构和政府机构等主体的联动协同，有利于推动陶瓷制造业集群供应链网络内部的资源流动和资源共享，从而形成开发性的创新型网络系统。这样的创新型网络系统有利于实现陶瓷制造业集群供应链网络内外部资源的优势互补，并且有利于提高集群供应链网络内部资源的使用效率和创新速度。以内驱动力为引领的陶瓷制造业集群供应链网络，是其实现可持续发展的根本保障。

第五，服务协同。陶瓷制造业集群供应链企业随着信息技术的升级发展和在企业内的深入融合，进一步拓宽了陶瓷制造业集群供应链网络内企业间服务协同的时间和空间辐射范围。相关产业中的创意营销方，教育培训、餐饮民宿等企业主体，在提供基础设施服务、代理服务、知识服务的同时，也在协调集群内成员关系。通过强化陶瓷制造业集群供应链网络中企业间的价值传递、信息共享与业务协同，有利于提高陶瓷制造业集群供应链网络内服务资源的利用效率。

第四节　江西陶瓷制造业集群供应链网络协同策略

江西省景德镇、高安、萍乡、丰城四大陶瓷产业基地基本都经历过历史上的"繁荣—萧条—觉醒"发展轨迹，如果说早期的繁荣得益于资源禀赋优越，那么先前的衰弱则是由于陶瓷产业基地之间杂乱无章的无规则竞争，这种运动没有规律性，导致整个江西陶瓷产业系统看起来更加无序，从而导致最终的萧条。面对繁荣之后的萧条，江西陶瓷产业集群必须寻找一条错位竞争、协同发展的道路，发展各地独具特色的陶瓷产业集群。

一、明晰特色求精准定位

目前江西省的陶瓷产业基地基本都设立在工业园区内，并且在全省只有四个重点陶瓷产业基地，各产业基地应该明确工业园区的主导产业，形成与其他陶瓷产业园区不同特色、不同定位的工业园区，争取既实现集群效应，又做到特色明确。在全球陶瓷产业竞争中，"景德镇陶瓷"曾一度落后，但新世纪的景德镇陶瓷业重获新生，逐渐明晰了发展"特色日用陶瓷"的产业方向，不断为景德镇陶瓷赋予了全新内涵和时代精神。高安陶瓷产业在经历过繁荣、衰退的发展历史后逐渐明确了专注发展"建筑陶瓷"的产业定位，短短几年的发展，江西省建陶产区核心和龙头已经在高安形成；高安已成为我国第三大建筑陶瓷产区，正在引领江西乃至全国建陶产业发展。萍乡陶瓷产业按照建设"规模型、科技型、生态型、外向型"集群的发展方向，并结合当地钢铁产业发展优势，力争成为江西省"工业陶瓷"产业的领头羊。近年来，丰城市充分利用丰富的煤炭、黏土、石英砂、高岭土、石灰石等矿产资源和焦炉气、电力、水资源等资源优势，把陶瓷产业作为招商引资的主攻目标，制定了完善的陶瓷产业发展战略，打出"精品陶瓷"产业基地的招牌。

二、错位竞争谋协同发展

强化错位竞争，促进协同发展。产业及产品错位竞争是集群协同成长的关键，各陶瓷产业园区须在主导产业分工总体规划基础上，倡导产业错位竞争。错位竞争意味着能有效地避免盲目重复及不经济的相互竞争，争取实现优势互补、相互促进、整体提高。错位竞争既是合理分工的体现，也是专业化特色有效实现的要求，对产业聚集起着有利的向导作用。因此，四大陶瓷产业集群必须严格按省政府有关部门对陶瓷产业基地发展定位的批复加速发展，错位竞争，促进江西省陶瓷产业集群的整体协同发展。

三、被动接受变主动承接

主动出击，提高陶瓷产业承接标准。主动与业内达标企业接触，抛橄榄枝，进行全力招商，吸纳引进大型先进陶瓷企业，变被动接受为主动承接，提高产业承接标准。各陶瓷基地可依据产品的技术含量、国际国内市场发展前景、生产技术与效率水平的高低等设立技术指标，鼓励具有先进技术的企业流入，以直接改善江西陶瓷企业的技术结构和产品结构，促进技术溢出的实现。陶瓷产业集群招商引资重点方向是国内外知名品牌企业，除引进国内现有优势企业外，还应重点关注国外招商项目，推动江西陶瓷产业基地战略联盟建设，促进产业链中研发、设计等环节的培育，加强对重点配套企业的吸纳和承接，重点培育一批自主创新能力强的龙头企业、成长性好的科技型中小陶瓷企业、节能减排环保的示范企业。

四、转型创新促产业升级

加快转型创新，提升陶瓷产业结构层次。今天的陶瓷，不再是简单的茶杯、花瓶，现在从厨房里的水龙头到轴承、防弹衣、坦克装甲板、飞机发动机和火箭助推器，到处都有陶瓷的踪影，而且技术成分、智慧含量也越来越高。江西省陶瓷产业集群迫切需要转型升级，寻求更大的发展。事实上，江西省一些陶瓷产业基地已经开始在这方面开展积极探索。以景德镇为例，该市设立了"景德镇陶瓷文化创意产业基地"，由此发挥艺术陶瓷的独特优势，并以艺术陶瓷为支撑建设景德镇三宝国际陶艺村、陶溪川陶瓷文化产业园，大量发展工作室，使陶瓷产业进一步进入文化创意产业层次，通过举办一年一度的国际陶艺论坛，形成品牌效应和较大产业规模，提升了产品的附加值。高安市也积极探索建筑陶瓷产业升级，主动引进先进陶瓷生产线，按照"做产业、成系统、可持续"的理念和"控制性扩量、结构性提质、有序性开发"的思路，着力把高安建筑陶瓷产业建设成为全国建筑陶瓷行业的强势产区。高安提出的"中国陶瓷产业基地总部经济城"就是集"陶瓷产业园、陶瓷展览中心、五星级酒店、CEO 会馆、商业金融等"多功能于一体的综合创新项目。

五、校企合作聚发展动力

加强校企合作，提高技术创新及发展动力。近年来，江西省各地陶瓷企业与高校、科研院所的合作实例不少，比如景德镇当地的陶瓷企业与景德镇陶瓷职业技术学院合作共同开班，分别为企业和学校解决企业招工难、学生就业难的问题，取得了很好的效果。江西省成立的首个陶瓷产业产学研技术创新战略联盟是由景德镇、萍乡等江西省重要陶瓷企业、景德镇陶瓷大学、南昌大学等高校以及江西省陶瓷研究所等科研院校组建而成。当前，随着陶瓷产业集群发展升级的需要，技术创新的需求越来越突出，这就需要各地综合考虑市场需求变化和国家政策倾向，以提升陶瓷产业核心竞争力为根本，聚集并整合省内外相关智力资源，形成联盟内成员优势互补和协同创新的机制，致力于产业技术创新与产品工艺进步，进而创新丰富产品功能并增加产品附加值，提高陶瓷产业发展动力。各地陶瓷集群企业应结合自身需求，继续加强与高校、科研院所的良性互动，不断丰富校企合作的形式，鼓励联合办学、共建专业、教育投资、订单培养、冠名办班、设立大学生创业基地等，促进思想、技术和成果等的转化。

六、专业手段保市场出路

借助现代化营销手段，更好地满足市场需求。近年来，尽管以广东省为代表的沿海陶瓷产业大规模向西迁移过程中激活了江西省省内四大陶瓷产业发展，但是当地政府还必须清楚地认识到江西省陶瓷产业集群在全国整个陶瓷供应链中仍然只是充当一个"生产车间"的角色，处于价值链的最底端。在供大于求的市场环境下，如何避免价格恶战并抢占一定的市场份额是陶瓷企业维持生存发展的重点。

随着陶瓷原料紧缺、能源价格上涨及劳动力成本上升，陶瓷产品市场竞争压力越来越大，传统经营模式及营销模式使企业在研发、生产、销售等方面缺乏信息化时代企业所急需的灵活性及创新性，难以及时有效地响应"新常态经济"下市场需求的快速变化。为此，陶瓷企业应该积极求变，跟随时代的脚步，借助互联网及电子商务等手段全面探索"互联网+"发展模式，为陶瓷产业集群寻求显著的差异化优势，以提高竞争力水平。除了传统的门店销售，企业要积极与专业公司探索"陶瓷互联网+"营销发展模式。

七、协调机制助有效管理

创建省级监督协调机制。江西省陶瓷产业集群的健康协同发展离不开政府、企业及中介等的良好协调，要在政府、企业、中介等多方的努力下创建陶瓷企业集群协调机制，进一步平衡外来企业与当地企业间的利益关系，从而加强供应链上各企业间的合作，加快实现陶瓷产业集群的全面发展。由于四大陶瓷产业基地分布在不同地市，也非常有必要建立陶瓷集群错位发展的省级监督协调机制，由江西省政府出面平衡各产区间的发展，发挥政府组织作用，确保江西陶瓷产业的有序发展。近几年来，由于江西省第三产业发展相对滞后，陶瓷制造业的发展因缺少高水平的服务业支撑而显得乏力，最终造成整体经济发展的乏力。基于资源利用最大化的角度，提倡实施同类企业分散布局，但基于管理效率最大化的角度，则需要实施专一化管理，也就是要实施虚拟组织控制的策略，创建各集群间的协调机制，这将有助于实现虚拟组织的有效管理和集群企业的专一化管理。

八、保障措施护良性发展

（一）统筹规划全省陶瓷产业集群

全省上下制定统一的陶瓷产业集群规划对于促进陶瓷产业的发展至关重要。江西省应从省级政府的高度统筹兼顾、科学规划，以省政府为总指挥，各地方政府相互协调，以陶瓷产业为主导，相关产业为辅助，全省上下一盘棋，采取"对企不对市"的战略部署，对未来5~10年江西省陶瓷产业的发展做一个系统而又整体的规划，使其错开定位，充分发挥各自优势，同时吸纳最适合该区域发展的生产要素向该区域聚集，最终形成错位发展、各有特色、相互补充、相互促进的良性发展局面。

（二）推行跨区域交流的联席会议制度

加强各地陶瓷产业集群的业内交流，建立由省政府有关部门、各陶瓷产业基地及相关协会等参加的省内跨区域联席会议制度，实现政府主导推动、部门协调联动、政策扶持驱动、基地持续发展的良好局面。通过跨区域学习交流充分发挥江西省的陶瓷文化优势，促进企业知识转化创新，增强企业发展动力，使江西省成为集聚世界艺术陶瓷、日用陶瓷、建筑陶瓷、工业陶瓷、精品陶瓷等创意、策划、品牌、工艺、学术交流的平台，成为国际陶瓷产业最有影响力的航标。

（三）规范园区设立及企业入园标准

工业园区的设立必须抓好陶瓷产业定位，要有意识地根据产业关联度培植特色产业群、形成主导产业区。目前江西省已经形成了以景德镇、高安、丰城、萍乡为主体的四大陶瓷生产基地，从全省的角度除了要规范陶瓷园区的设立标准，还需要严格把控各园区企业的入园。目前，江西省四个陶瓷产业基地前期的企业引进都接近饱和，在这种情况下，提高企业的引入标准成了关键，应将引资转变成选资，实施资源与技术一同开发的战略；各地产业集群需重点引进科技含量高的企业以及专业的陶瓷设计企业，打造创新型科技产业园。

（四）加强人才引进及培训力度

要促进江西省陶瓷产业集群的持续健康发展，必须解决人才相对短缺问题。一方面，各地陶瓷集群应积极探索校企合作模式，通过加强与陶瓷特色院校及特色专业的合作，构建一套完整的人才培育计划，争取订单式培养及定向培养方式，为陶瓷企业获取更多的技术人才；另一方面，各地陶瓷集群可采取优厚措施及人才引进政策从江西省各高校中吸纳专业管理人才，以提高企业经营管理水平。另外，各陶瓷集群企业可采取与学校合作构建"互联网+教育"的方式，对企业现有高层领导及管理层人员进行培训，根据他们的知识结构有针对性地对其薄弱领域进行充电；还可以通过联合高校及专业培训机构的力量加大对企业员工的培训力度，通过"菜单式学习"的方法来定制有针对性的培训课程，不断促进企业管理人员综合素质的提升。

（五）加大政策扶持力度

江西各地政府已经陆续出台了陶瓷产业发展有关意见及规划，如景德镇先后发布了《景德镇陶瓷品牌发展战略实施意见》《景德镇陶瓷文化创意产业发展意见》《关于加快陶瓷产业发展的意见》《景德镇陶瓷知识产权保护管理规定》等；高安市发布了《高安市人民政府关于建筑陶瓷产业优化升级的实施意见》；丰城有《江西省丰城精品陶瓷产业基地总体规划（2007—2020）》。但各地政府的视野都围绕自身集群发展，且执行力度及效果并不明显。江西省政府应该统筹全局，均衡资源，加大全省各陶瓷产业集群的扶持力度，促进陶瓷产业基础设施及配套功能升级，要围绕陶瓷行业的配套产品、配套产业开发招商项目，特别实施以商招商和产业招商政策，用市场运作的方法着手产业整合和配套工作，引导产品和产业相对集中，提高资源配置效益。通过出台明确的鼓励政策以促进江西省陶瓷企业与国内外陶瓷企业间的合作交流，提升江西省陶瓷企业的创新发展优势。政府还可积极搭建金融支持平台，对一些需要帮扶、融资难的中小型陶瓷企业，在现有政策的基础上提供金融保险一体化服务，通过体制创新解决江西本地陶瓷企业融资难的困境，切实提高政府对集群企业的扶持效率。

（六）进一步完善综合服务体系

一个较为完善的综合服务体系将有助于加快江西陶瓷产业集群的持续快速发展。要通过完善社会化协作机制，发展配套技术、检验测试、材料零配件工具供应、设备维修及营销、金融、保险、会计、法律等服务机构，引导各企业及机构的专业化分工，以解决集群规模小、做不大、做不强企业的相关问题。另外，江西省应将陶瓷质量检测中心、标准化中心、信息服务中心等机构整合统一，将陶瓷行业协会、陶瓷商会、律师事务所、会计师事务所和咨询机构等众多中介服务机构联合发展，这样可以有效地加强产品质量检测与标准化，推动技术创新，杜绝仿冒行为，维护产业集群品牌。另外，应该在政府和企业的共同努力下加快陶瓷产业配套物流网络建设，将江西省物流建设纳入整个陶瓷产业集群发展前期规划中，努力构建专业化、现代化的快捷物流网络及陶瓷物流产业集群。由于物流网络建设需要巨资投入，因此难以由单一的产业集群或企业完成。在建设的过程中，可以考虑多个产业集群共建物流网络，共享基础资源并分摊建设成本；另外可以借用"互联网+"发展模式构建提升整个产区链的物流平台，打造专业的陶瓷物流交易市场，降低物流成本，进而促使江西省陶瓷产业集群协同健康发展。

第九章

总结与展望

第一节　研究总结

（1）制造业集群供应链网络的构成维度以产品供应链、服务供应链与知识供应链为主。

本研究对制造业集群供应链网络构成主体、联结模式及其网络结构进行解析，将制造业集群供应链网络大致分为产品供应链、服务供应链与知识供应链三个维度。根据其相关性建立集产品供应链、服务供应链与知识供应链三个维度的制造业集群供应链网络结构模型。

（2）供应链协同显著正向影响协同优势，邻近性对二者关系起负向调节作用，协同能力和协同资源投入对二者关系起正向调节作用。

本研究探讨了供应链协同对协同优势的影响以及邻近性、协同能力和协同资源投入对二者关系的调节作用，并结合我国制造业企业的 316 份问卷调查数据进行实证分析。研究结果表明：

一是供应链协同显著正向影响协同优势。供应链企业与合作伙伴之间在信息共享、目标一致和协同决策等方面的协同程度越高，就越有利于企业获得更高水平的流程效率、供应柔性、业务协同、产品质量和创新等优势。

二是邻近性对供应链协同与协同优势之间的关系起到显著的负向调节作用。企业与供应链合作伙伴在研发能力、企业文化和生产运作及管理方式上的差异性越大，则在供应链协同中取得优势互补的可能性就越大，从而更有利于企业获得更强的协同优势。

三是协同能力对供应链协同与协同优势之间的关系起到显著的正向调节作用。企业在制造业集群供应链网络中处理分歧和冲突的能力越强，越有可能在供应链协同中获得更强的协同优势。这种协同优势一方面来自企业自身的积极参与，有利于企业在供应链网络中获得更多的信息优势和资源优势；另一方面来自潜在合作伙伴，企业的协同能力越强，企业的积极性和吸引力就越大，就越能够吸引更优质的合作伙伴并与之建立长期稳定的合作关系，从而使企业在供应链协同中获得更强的协同优势。

四是协同资源投入对供应链协同与协同优势之间的关系起到显著的正向调节作用。面对市场不确定变化时，企业与合作伙伴及时组建团队的应对行动越迅速，就能越快速地对市场变化做出有效反应。企业的协同资源投入越多，就越能够快速有效地从供应链协同中获取信息优势和资源优势，从而使供应链协同的优势效应越强。

（3）集群供应链网络中的竞合协同是多要素、多层面的竞合协同，主要包括核心网络中的竞合协同、支持网络中的竞合协同、集群供应链核心网络与支持网络的竞合协同。

集群供应链网络内除了存在各种竞合形式外，企业间还存在着广泛的互动。集群供应链的核心网络中，供应企业群与制造企业群之间、制造企业群与顾客群之间都存在物流、资金流和信息流的互动；支持网络中辅助性的企业和机构与核心网络中的企业之间存在物流、资金流的互动；当然集群外围网络中的企业和集群供应链网络中的企业之间还存在信息流的互动。

（4）集群供应链网络协同运作模式包括生产协同、市场协同、资源协同、创新协同和服务协同。

在集群的环境中，参照企业（核心企业）、竞争对手、替代品生产者、潜在进入者、上游合作企业、下游合作企业和链外辅助企业七种竞合对象相互合作和相互竞争的关系客观上促进了整个集群式供应链的合作生产效率的提升，同时也打造了产业集群的竞争优势。集群式供应链中的竞合模式主要分为单链式供应链的竞合、单链式供应链的跨链间竞合以及复杂产品供应链的竞合模式三种。集群内企业之间形成利益共享、风险共担的合作伙伴或战略联盟，集群内企业的发展壮大将更多地依赖于把各种分散的技术和管理优势组合成一种新的、更加强大的协同优势，以合作营销的形式组成联合舰队，使各集群之间在资金筹集、技术开发、技术使用、产品更新换代、市场销售等方面形成相互联结的利益共同体。在合作营销组织中，每个成员根据新的市场机会提供自己的核心能力，对一个成员而言，其他资源均从外部获取。成员企业可以集中精力发展其关键资源、核心能力，从而使其各具专长、形成特色，实现成员间优势互补以降低成本，实现风险分担与成果共享，并且可以根据市场机会的变更迅速实现资源重组，创造出具有高弹性的竞争优势。作为更深层次的集群供应链，合作营销网络价值链是指，核心企业基于信息交流，在集群供应链的信任机制和商务技术基础上，建立各自的供应链体系，推动价值链上的各个环节资源在平行的供应链之间进行单向流动的机制。

（5）制造业集群供应链网络协同策略包括资源、流程、技术、物流、信息以及创新六个角度的协同运作。

制造业集群供应链网络资源协同运作策略有时间、空间以及时空整合三个特征。在制造业集群供应链网络流程中，除去传统供应链节点的各项节点单位，新增核心信息共享平台是制造业集群供应链网络流程协同的主要策略。制造业集群供应链网络技术协同主要包括三大策略：积极推动供应链网络平台建设、全力打造供应链核心技术共享和不断完善供应链智慧网络建设。制造业集群供应链网络物流协同策略主要包括构造供应链网络整体布局和搭建云仓储与云物流模式这两大策略。在进行制定制造业集群供应链网络信息协同优化策略的过程中，企业应当将关注点聚焦于销售商—制造商—供应商的核心链条，引入区块链技术，从物流、库存以及采购三个方面切入改善供应链网络信息协同效应。利用区块链技术，建立区块链信息系统计程系统，对制造业集群供应链网络进行层次切分，对应用层、核心层以及数据层的信息进行整合优化，去中心化管控。制造业集群供应链网络创新协同的关键在制造业集群供应链网络各节点企业中，推动技术共享、数字化驱动和数据联盟的技术创新协同机制，强化产学研及供应链网络主体知识模块化的知识创新协同机制，构建渗透参与、咨询机构独立服务和高端精细化人才管理的服务创新协同机制。

第二节　研究展望

第一，本研究主要从江西本地陶瓷制造业的集群供应链网络协同的角度进行分析，需进一步从全球价值链视角下探究其在嵌入全球供应链网络中的内外部协同模式，对集群在全球价值链上的优劣势环节进行划分，拓宽集群供应链网络的协同范围，深化协同层次，优化协同关系，以构建更加系统完善的制造业集群供应链网络协同机制。作为劳动密集型的传统产业，江西陶瓷产业集群已通过区域间的动态联盟实现了区域化的集群供应链整合，但在与全球供应链的耦合方面有待研究，如耦合因素、耦合途径以及耦合机制等。

第二，本研究对制造业集群供应链网络协同的分析主要从政府制度创新的角度来合理协调供应链主体的协同，是相对静态的，园区规划、选址、生产要素配置、产业布局方式等较多地依靠政府的行政力量和优惠政策加以引导，使聚集效应产生的内在机制和生态优势缺乏动态变化的市场特征。因此，在大力营造区域创新环境的同时，对理性干预主义和自由放任主义之间的比例仍需进一步界定和动态调整，如何处理好效率和成本之间的关系，以更好地激发集群供应链网络的活力和创造力是接下来需要努力和改进的方向。

第三，本研究主要对制造业集群供应链网络内的协同机制和要素进行剖析，未来研究可把集群供应链作为整个研究单位，探索制造业集群供应链的外部协同机制，即供应链与供应链之间的合作与协调，讨论其在产业集群供应链生态中的作用，将整合环境效益、生态效益和社会效益纳入集群供应链网络的跨链研究中，实现产业集群的绿色协同，打造低碳经济产业集群，提高资源的利用率，推动制造业集群环保技术的创新。

参考文献

［1］ ABUHILAL L, RABADI G, SOUSA-POZA A. Supply chain inventory control: A comparison among JIT, MRP, and MRP with information sharing using simulation ［J］. Engineering Management Journal, 2006, 18 (2): 51.

［2］ ALBERT R, JEONG H, BARABASI A L. Diameter of the world wide web ［J］. Nature, 1999, 401: 130-131.

［3］ CAKRAVASTIA A, TOHA I S, NAKAMURA N. A two-stage model for the design of supply chain networks ［J］. International Journal of Production Economics, 2002 (12): 231-248.

［4］ NAGURNEY A, MATSYPURA D. Global supply chain network dynamics with multicriteria decision-making under risk and uncertainty ［J］. Transportation Research Part E: Logistics and Transportation Review, 2005 (11): 585-612.

［5］ ANTHONY D R. A two-phase approach to the supply network reconfiguration problem ［J］. European Journal of Operational Research, 2000, 12 (2): 18-30.

［6］ APICELLA A L, MARLOWE F W, FOWLER J H. Social

network and cooperation in hunter – gatherers [J]. Nature, 2012, 481 (7382): 497-501.

[7] BADRI H, BASHIRI M, HEJAZI TH. Integrated strategic and tactical planning in a supply chain network design with a heuristic solution method [J]. Computers & Operations Research, 2013, 40 (4): 1143-1154.

[8] BARABÁSI A L, ALBERT R. Emergence of scaling in random networks [J]. Science, 1999, 286 (5439): 509-512.

[9] BARABÁSI A L, GULBAHCE N, LOSCALZO J. Network medicine: a network-based approach to human disease [J]. Nature Reviews Genetics, 2011, 12 (1): 56-68.

[10] BECATTINIG. The Marshallian Industrial District as a Socio-economic Notion [J]. Geneva: International Institute of Labor Studies, 1990, 37-51.

[11] BOSONA T G, GEBRESENBETG. Cluster building and logistics network integration of local food supply chain [J]. Biosystems engineering, 2011, 108 (4): 293-302.

[12] BOZARTH C, BLACKHURST J, HANDFIELD R B. Following the thread: Industry cluster theory, the New England cotton textiles industry, and implications for future supply chain research [J]. Production and Operations Management, 2007, 16 (1): 154-157.

[13] CACHON G P, LARIVIERE M A. Supply chain coordination with revenue-sharing contracts: strengths and limitations [J]. Management science, 2005, 51 (1): 30-44.

[14] CHAHARSOOGHI S K, HEYDARI J. Supply chain coordination for the joint determination of order quantity and reorder point using credit op-

tion ［J］. European Journal of Operational Research，2010，204（1）：86-95.

［15］LIU C H. The Effects of Innovation Alliance on Network Structure and Density of Cluster ［J］. Expert Systems with Applications，2011，38（1）：299-305.

［16］CHRISTTOPHER J C，SUVI R V. Strategic risk management：the new competitive edge ［J］. Long Range Planning，1999（4）：414-424.

［17］COOPER M C，LAMBERT D M，PAGH J D. Supply Chain Management：Implementation Issues & Research Opportunities ［J］. The International Journal of Logistics Management，1998，9（2）：1-19.

［18］HELBING D. Information and material flows in complex networks ［J］. Physica A，2006，363（1）：11-106.

［19］DDUCLOS L K，VOKURKA R J，LUMMUS R R. A Conceptual Model of Supply Chain Flexibility ［J］. Industrial Management & Data Systems，2003，103（6）：446-456.

［20］FALLAH T A，SAHRAEIAN R，TAVAKKOLI M R. An interactive possibilistic programming approach for a multi-objective closed-loop supply chain network under uncertainty ［J］. International Journal of Systems Science，2014，45（3）：283-299.

［21］FURL，MICHAEL J S. Reengineering the Order Fulfillment Process in Supply Chain Networks ［J］. The International Journal of Flexible Manufacturing Systems，1998（10）：197-229.

［22］ALTIPARMAK F，GEN M，LIN et al. A genetic algorithm approach for multi-objective optimization of supply chain networks ［J］. Computers & Industrial Engineering，2006（9）：196-215.

[23] GIANNOCCARO I, PONTRANDOLFO P. Supply chain coordination by revenue sharing contracts [J]. International journal of production economics, 2004, 89 (2): 131-139.

[24] GUELZIM N, BOTTANI S, BOURGINEP, et al. Topological and causal structure of the yeast transcriptional regulatory network [J]. Nature Genetics, 2002, 31: 60-63.

[25] HOOVER E. The Location of Economic Activity [M]. New York: McGraw-Hill, 1948.

[26] HOTELLINGH. Stability in Competition [J]. Economic Journal, 1929 (39): 41-57.

[27] HUMPHREY J, SCHMITZ H. How do insertion in global value chains affect upgrading in Hsdustriat Cluster [J]. Regional Studies, 2002 (36): 93-106.

[28] ENGEL J S, PALACIO I. Global Networks of Clusters of Innovation: Accelerating the Innovation Process [J]. Business Horizons, 2009, 52 (5): 493-503.

[29] RYN J H, DUA V, PISTIKOPOULOS E N. A bi-level programming framework for enterprise-wide process networks under uncertainty [J]. Computers Chemical Engineering, 2004 (28): 1121-1139.

[30] DONG J, ZHANG D, NAGURNEY A. A supply chain network equilibrium model with random demands [J]. European Journal of Operational Research, 2004 (7): 194-212.

[31] KANDA A, DESHMUKH S G. Supply chain coordination: perspectives, empirical studies and research directions [J]. International Journal of Production Economics, 2008, 115 (2): 316-335.

［32］ KARAKITSIOU A，MIGDALAS A. A decentralized coordination mechanism for integrated production transportation inventory problem in the supply chain using Lagrangian relaxation ［J］. Operational Research，2008，8（3）：257-278.

［33］ KRISTIANTO Y，GUNASEKARAN A，HELO P. A model of resilient supply chain network design：A two-stage programming with fuzzy shortest path ［J］. Expert Systems with Applications，2014，41（1）：39-49.

［34］ KRUGMAN P. First Nature，Second Nature，and Metropolitan Location ［J］. Journal of Regional Science，1993（34）：129-144.

［35］ KRUGMAN P. Increasing Returns and Economic Geography ［J］. Journal of Political Economy，1991（99）：483-499.

［36］ LONG Q. A flow-based three-dimensional collaborative decision-making model for supply-chain networks ［J］. Knowledge-Based Systems，2016，97：101-110.

［37］ POTERM E. Clusters and the New Economics of competition ［J］. Harvard Business Review，1998，77-90.

［38］ MANTHOU V，VLACHOPOULOU M，FOLINAS D. Virtual e-Chain（VeC）model for supply chain collaboration ［J］. International Journal of Production Economics，2004，87（3）：241-250.

［39］ GOH M，LIM J Y S，MENG F W. A stochastic model for risk management in global supply chain networks ［J］. European Journal of Operational Research，2007（10）：164-173.

［40］ MARSHALL A. Principles of Economics：An Introductory ［M］. 9th Ed. London：Macmillan，1890.

［41］ÖZCEYLAN E, PAKSOY T. A mixed integer programming model for a closed-loop supply-chain network ［J］. International Journal of Production Research, 2013, 51 (3): 718-734.

［42］LIP. Network Dynamics and Cluster Evolution: Changing Trajectories of the Aluminum Extrusion Industry in Dali, China ［J］. Journal of Economic Geography, 2012, 12 (2): 127-155.

［43］PAKSOY T, ÖZCEYLANE, Weber G W. Profit oriented supply chain network optimization ［J］. Central European Journal of Operations Research, 2013, 21 (2): 455-478.

［44］PATHAK S D, DILTS D M, BISWAS G. On the Evolutionary Dynamics of Supply Network Topologies ［J］. IEEE Transactions on Engineering Management, 2007, 54 (4): 662-672.

［45］PIORE M J, SABEL C. The Second Industrial Divide ［M］. New York: Basic Books, 1984.

［46］PORTER M R. Cluster and the new economics of competition ［J］. Harvard Business Review, 1998, 76 (6): 77-99

［47］PORTER M. Competitive Advantage of Nations ［J］. Harvard Business Review, 1990, 68 (2): 73-93.

［48］PORTER M E. Cluster and the new economics of competition ［J］. Harvard Business Review, 1998 (76) . 77-90

［49］REVEIU A, DARDALAM. Business Collaboration by Cluster Supply Chain. The Case of Romanian Pharmaceutical Industry ［J］. Oeconomics of Knowledge, 2013, 5 (1): 2-14.

［50］ROSENFELD S A. Industrial Strength Strategies: Regional Business Clusters and Public Policy ［M］. Aspen Institute, 1995.

[51] KLEPPERS. The Origin and Growth of Industry Clusters: The Making of Silicon Valley and Detroit [J]. Journal of Urban Economics, 2010, 67 (1): 15-32.

[52] SABRI E H, BEAMON B M. A multi-objective approach to simultaneous strategic and operational planning in supply chain design [J]. Omega, 2000, 28 (5): 581-598.

[53] SAHA S, GOYAL S K. Supply chain coordination contracts with inventory level and retail price dependent demand [J]. International Journal of Production Economics, 2015, 161: 140-152.

[54] SCHOLTEN K, SCHILDER S. The role of collaboration in supply chain resilience [J]. Supply Chain Management: An International Journal, 2015, 20 (4): 471-484.

[55] SHANKAR B L, BASAVARAJAPPA S, CHEN J CH. Location and allocation decisions for multi-echelon supply chain network – A multi-objective evolutionary approach [J]. Expert Systems with Applications, 2013, 40 (2): 551-562.

[56] SIMATUPANG T M, SRIDHARANR. The Collaborative Supply Chain [J]. The International Journal of Logistics Management, 2002, 13 (1): 15-30.

[57] STANK T P, KELLER S B, DAUGHERTY P J. Supply chain collaboration and logistical service performance [J]. Journal of Business logistics, 2001, 22 (1): 29-48.

[58] STORPERM. The Transition to Flexible Specialization in Industry: External Economies, The Division of Labor and The Crossing of Industrial Divides [J]. Cambridge Journal of Economics, 1989 (13):

273-305.

[59] STRITTO G D, FALSINI D, SCHIRALDI M M. Supply chain network design for the diffusion of a new product [J]. International Journal of Engineering Science and Technology, 2013, 5 (2): 79-92.

[60] CHIOU S W. A combinatorial approximation algorithm for supply chain network flow problem [J]. Applied Mathematics and Computation, 2007 (3): 1526-1536.

[61] THOMAS D J, GRIFFIN P M. Coordinated supply chain management [J]. European Journal of Operational Research, 1996, 94: 1-15

[62] THOMAS Y, KEVIN J. Supply networks and complex adaptive systems: control versus emergence [J]. Journal of Operations Management, 2001 (19) 351-366.

[63] SANTOSO T, AHMED S, GOETSCHALCKX M et al. A stochastic programming approach for supply chain network design under uncertainty [J]. European Journal of Operational Research, 2005 (11): 96-115.

[64] VENKATADRI U, SRINIVASA A, MONTREUIL B et al. Optimization-based decision support for order promising in supply chain networks [J]. International Journal of Production Economics, 2006 (9): 117-130.

[65] VENKATA V, KATARE S, PATKAR P. Spontaneous emergence of complex optimal networks through evolutionary adaptation [J]. Computers and Chemical Engineering, 2004, 28: 1789-1798.

[66] VEREECKE A, MUYLLE S. Performance Improvement through Supply Chain Collaboration in Europe [J]. International Journal of Operations & Production Management, 2006, 26 (11): 1176-1198.

[67] WATTS D J, STROGATZ S H. Collective dynamic of "small-

world" networks [J]. Nature, 1998, 393 (6684): 440-442.

[68] WEBER A. Theory of the Location of Industries [M]. Chicago: University of Chicago Press, 1929.

[69] CHE Z H, WANG H S, SHA D Y. A multi-criterion interaction-oriented model with proportional rule for designing supply chain networks [J]. Expert Systems with Applications, 2007 (11): 1042-1053.

[1] 曹文彬, 熊曦. 边效益因素下复杂供应链网络局域演化机制 [J]. 计算机应用研究, 2016 (1): 75-77.

[70] 陈斌. 产业集群与新型城镇化耦合度及其影响研究: 以江苏省为例 [J]. 科技进步与对策, 2014, 31 (20): 53-57.

[71] 陈建军, 张敏. 集群供应链条件下的企业组织结构研究 [J]. 科学学与科学技术管理, 2009 (2): 106-110.

[72] 陈雁云, 朱丽萌, 习明明. 产业集群和城市群的耦合与经济增长的关系 [J]. 经济地理, 2016, 36 (10): 117-122, 144.

[73] 陈志圣, 黄立平. 基于网格的供应链管理信息平台的构建 [J]. 计算机工程与设计, 2007 (10): 4674-4676.

[74] [法] 弗郎索瓦·佩鲁. 新发展观 [M]. 张宁, 丰子义, 译. 北京: 华夏出版社, 1987.

[75] 傅培华, 李进, 刘燕楚. 基于度与路径优先连接的集聚型供应链网络演化模型 [J]. 运筹与管理, 2013 (1): 120-125.

[76] 葛亮, 张翠华. 供应链协同技术与方法的发展 [J]. 科学学与科学技术管理, 2005, 26 (6): 151-154.

[77] 郭冬梅, 谈维, 林洁. 基于经济一体化背景的京津冀国家级高新技术开发区医药产业集群竞争优势分析 [J]. 中国药事, 2020, 34 (5): 556-563.

[78] 韩正涛, 张悟移. 供应链协同创新中知识转移的收益共享机制 [J]. 计算机工程与应用, 2020, 56 (16): 234-240.

[79] 侯玉梅, 田歆, 马利军, 译. 基于供应商促销与销售努力的供应链协同决策 [J]. 系统工程理论与实践, 2013 (12): 3087-3094.

[80] 胡劲松, 徐元吉. 考虑产能约束的模糊供应链网络均衡研究 [J]. 管理学报, 2012 (1): 139-143.

[81] 胡滢. 第四方物流下集群式供应链协同管理研究 [J]. 商业经济研究, 2015 (29): 32-33.

[82] 胡宇辰. 产业集群支持体系 [M]. 北京: 经济管理出版社, 2005 (6): 3-5.

[83] 黄花叶, 刘志学. 第三方物流参与的集群式供应链库存协同控制 [J]. 工业工程与管理, 2011 (5): 33-40.

[84] 黄焜, 马士华, 冷凯君, 等. 订单不确定条件下的供应链协同决策研究 [J]. 中国管理科学, 2011 (1): 62-68.

[85] 黄敏镁. 基于演化博弈的供应链协同产品开发合作机制研究 [J]. 中国管理科学, 2010, 18 (6): 155-162.

[86] 霍佳震, 吴群, 谌飞龙. 集群供应链网络联结模式及共治框架 [J]. 中国工业经济, 2007 (10): 13-20.

[87] 吉敏, 胡汉辉, 陈金丹, 等. 基于双 S 模型的战略性新兴产业集群供应链知识创新过程与路径研究: 以 CS 新材料产业集群为例 [J]. 科技进步与对策, 2013, 30 (12): 71-77.

[88] 吉敏, 胡汉辉. 学习渠道、集群供应链知识网络与企业创新绩效关系研究: 来自常州产业集群的实证 [J]. 科技进步与对策, 2014, 31 (18): 73-79.

[89] 解学梅, 罗丹, 高彦茹. 基于绿色创新的供应链企业协同机

理实证研究 [J]. 管理工程学报, 2019, 33 (3): 116-124.

[90] 兰苑, 陈艳珍. 文化产业与旅游产业融合的机制与路径: 以山西省文化旅游业发展为例 [J]. 经济问题, 2014 (9): 126-129.

[91] 黎继子, 刘春玲, 蔡根女. 价值链/供应链视角下的集群研究新进展 [J]. 外国经济与管理, 2004 (7): 58-63.

[92] 黎继子, 刘春玲, 蔡根女. 全球价值链与中国地方产业集群的供应链式整合: 以苏浙粤纺织服装产业集群为例 [J]. 中国工业经济, 2005 (2): 118-125.

[93] 黎继子, 刘春玲. 集群式供应链大规模定制化的计划管理模式 [J]. 工业工程与管理, 2007 (3): 40-46.

[94] 黎继子, 刘春玲. 集群式供应链: 产业集群和供应链的耦合 [J]. 现代经济探讨, 2006 (5): 5-9.

[95] 黎继子, 马士华, 郭培林, 等. 基于横向合作的集群式供应链跨链系统设计 [J]. 系统工程学报, 2008 (12): 735-743.

[96] 李翀, 刘思峰, 方志耕, 等. 供应链网络系统的牛鞭效应时滞因素分析与库存控制策略研究 [J]. 中国管理科学, 2013 (2): 107-113.

[97] 李宏宽, 李忱. 跨链间同级库存协作下集群式供应链协调分析 [J]. 计算机集成制造系统, 2015 (12): 3282-3291.

[98] 李晓婧, 郭春芳, 兰洪杰. 低碳经济环境下双渠道闭环供应链网络均衡模型 [J]. 统计与决策, 2016 (17): 173-178.

[99] 廉同辉, 余菜花, 李强. 承接产业转移背景下中部地区传统产业集群的社会网络结构及其演化分析: 以安徽孙村服装产业集群为例 [J]. 经济体制改革, 2013, 4: 101-105.

[100] 林晶, 王健. 异质品双渠道供应链下制造商的渠道决策研究

[J]. 中国管理科学, 2018, 26 (6): 72-84.

[101] 凌守兴. 我国农村电子商务产业集群形成及演进机理研究 [J]. 商业研究, 2015 (1): 104-109.

[102] 刘春玲, 肖位春, 黎继子, 等. 有限超储契约下集群式供应链跨链采购决策模型及算法 [J]. 计算机集成制造系统, 2013 (5): 1115-1126.

[103] 刘炯艳. 基于多 Agent 的协同物流系统协作研究 [J]. 统计与决策, 2007 (19): 44-46.

[104] 刘平, 贺武, 周世璇. 物流链整合视角下商贸流通产业集群升级模式研究 [J]. 商业经济研究, 2015 (17): 121-122.

[105] 刘晓云, 赵伟峰. 我国制造业协同创新系统的运行机制研究 [J]. 中国软科学, 2015 (12): 144-153.

[106] 陆杉, 高阳. 供应链的协同合作: 基于商业生态系统的分析 [J]. 管理世界, 2007, 23 (5): 160-161.

[107] 马德青, 胡劲松. 大数据营销与参考价格效应下的闭环供应链协同经营策略研究 [J]. 软科学, 2019, 33 (11): 98-106.

[108] 马军, 董琼, 杨德礼. 基于风险管理的动态供应链超网络均衡模型 [J]. 运筹与管理, 2015 (1): 1-9.

[109] 马士华, 李果. 供应商产出随机下基于风险共享的供应链协同模型 [J]. 计算机集成制造系统, 2010 (3): 563-572.

[110] 马卫民, 李彬, 徐博, 等. 考虑节点中断和需求波动的可靠供应链网络设计问题 [J]. 系统工程理论与实践, 2015 (8): 2025-2033.

[111] 闵新平, 史玉良, 李晖, 等. 基于动态供应链网络的协同行为模式挖掘方法 [J]. 计算机集成制造系统, 2016 (2): 324-329.

[112] 宁方华，陈子辰，熊励，等. 协同物流网络的任务协调决策模型及其求解算法 [J]. 控制与决策，2007（1）：109-112.

[113] 裴玉玲，徐世六. 基于动态协同的管理信息平台 [J]. 微电子学，2009（3）：394-397.

[114] 彭向，张勇. 基于时变需求的供应链网络动态均衡模型 [J]. 系统工程理论与实践，2013（5）：1158-1166.

[115] 钱存华，樊伟，付亚洲. 基于供应链的集群企业与物流企业技术创新博弈分析 [J]. 商业经济研究，2019（7）：91-94.

[116] 邱若臻，陈瑞颖，关志民，等. 不确定经济环境下基于 EVA 的鲁棒供应链网络设计模型 [J]. 控制与决策，2017，32（2）：203-212.

[117] 施国洪，钟颢. 集群式供应链多级跨链间库存协作模型研究 [J]. 工业工程与管理，2009（6）：7-12.

[118] 石林. 京津冀地区产业转移与协同发展研究 [J]. 当代经济管理，2015，37（5）：65-69.

[119] 宋华，卢强. 什么样的中小企业能够从供应链金融中获益？——基于网络和能力的视角 [J]. 管理世界，2017（6）：104-121.

[120] 宋华，杨璇. 供应链金融如何助力中小企业融资：供应链网络嵌入性视角 [J]. 研究与发展管理，2018，30（3）：22-33.

[121] 宋华，杨璇. 中小企业竞争力与网络嵌入性对供应链金融绩效的影响研究 [J]. 管理学报，2018，15（4）：616-624.

[122] 孙浩，张桂涛，钟永光，等. 政府补贴下制造商回收的多期闭环供应链网络均衡 [J]. 中国管理科学，2015，23（1）：56-64.

[123] 孙嘉轶，滕春贤，陈兆波. 基于微分变分不等式的再制造闭环供应链网络动态模型 [J]. 系统工程理论与实践，2015（5）：

1155-1164.

[124] 谈冉，严新平，薛胜军. 基于 CSCW 的协同物流商务系统 [J]. 计算机工程，2007 (9)：260-262.

[125] 唐润，彭洋洋. 考虑时间和温度因素的生鲜食品双渠道供应链协调 [J]. 中国管理科学，2017，25 (10)：62-71.

[126] 唐喜林，李军. 集群中供应链链间 Bertrand 博弈模型及其均衡分析 [J]. 统计与决策，2009 (5)：49-51.

[127] 唐小波，黄媛媛. SCM 协同管理战略及模型评价 [J]. 情报杂志，2005 (1)：88-90.

[128] 滕春贤，姚锋敏，胡宪武. 具有随机需求的多商品流供应链网络均衡模型的研究 [J]. 系统工程理论与实践，2007 (10)：77-83.

[129] 田刚，罗建强，庄晋财，等. 集群供应链视角下农产品加工业与物流业共生演化研究：以漯河农产品加工集群为例 [J]. 商业经济与管理，2015 (9)：5-12.

[130] 万幼清，胡强. 产业集群协同创新的风险传导路径研究 [J]. 管理世界，2015 (9)：178-179.

[131] 万幼清，王云云. 产业集群协同创新的企业竞合关系研究 [J]. 管理世界，2014 (8)：175-176.

[132] 万幼清，张妮，鲁平俊. 产业集群协同创新风险及其形成机理研究 [J]. 管理世界，2015 (2)：182-183.

[133] 汪新宇. 装备制造企业协同对供应链柔性的影响：基于上汽大众汽车有限公司的案例分析 [J]. 经营与管理，2016，34 (11)：29-32.

[134] 王缉慈. 解读产业集群 [M]. 北京：机械工业出版社，2005：4.

[135] 王珊珊，王宏起，唐庆丰. 集群供应链风险评价指标体系研究 [J]. 科技管理研究，2010，30 (7)：224-226.

[136] 王少凡，王向阳. 企业间供应链协同资源整合机理与共享路径研究 [J]. 社会科学战线，2020，43 (3)：259-263.

[137] 王筱萍，王文利. 农村中小企业集群供应链融资：内生风险治理机制与效应 [J]. 农业经济问题，2015，36 (10)：34-42，111.

[138] 王燕，刘晗，赵连明，等. 乡村振兴战略下西部地区农业科技协同创新模式选择与实现路径 [J]. 管理世界，2018，34 (6)：12-23.

[139] 王永明，鲍计炜. 集群供应链知识共享行为演化博弈分析 [J]. 科技管理研究，2019，39 (4)：142-149.

[140] 魏晨，马士华. 基于瓶颈供应商提前期的供应链协同契约研究 [J]. 中国管理科学，2008 (5)：50-56.

[141] 魏江. 产业集群：创新系统与技术创新 [M]. 北京：科学技术出版社，2003.

[142] 魏炜，申金升. 基于贝叶斯更新的供应链协同预测模型研究 [J]. 预测，2010 (5)：68-73.

[143] 吴绒，白世贞，吴雪艳. 农产品绿色供应链协同演化机理研究 [J]. 科技管理研究，2016 (3)：235-239.

[144] 夏蔚军，吴智铭. 供应链协同契约研究 [J]. 计算机集成制造系统，2005 (11)：1576-1579.

[145] 向晋乾，黄培清，郭玉明. 企业集团内部供应链知识的协同机制研究 [J]. 情报科学，2005 (12)：1881-1887.

[146] 肖静，李亚楠，刘子玉. 基于数据包络法的汽车企业供应链协同管理研究 [J]. 工业技术经济，2019，38 (5)：97-103.

[147] 谢磊，马士华，桂华明，等. 供应物流协同影响机制实证分

析［J］. 科研管理, 2014（3）: 147-154.

［148］熊浩, 鄢慧丽. 二级供应链系统的三阶段协同订货模型［J］. 中国管理科学, 2014（5）: 69-74.

［149］熊伟清, 魏平. 基于多 Agent 供应链网络企业竞合关系演化分析［J］. 系统科学与数学, 2015（7）: 779-787.

［150］徐兵, 朱道立. 多用户多准则随机选择下供应链网络均衡模型［J］. 系统工程学报, 2008（5）: 547-553.

［151］徐丽华, 王慧. 区域农业产业集群特征与形成机制研究: 以山东省寿光市蔬菜产业集群为例［J］. 农业经济问题, 2014, 35（11）: 26-32, 110.

［152］徐琪, 徐福缘. 供需网的一个节点: 供应链协同管理与决策［J］. 系统工程理论与实践, 2003（8）: 31-35.

［153］徐维祥, 刘程军. 产业集群创新与县域城镇化耦合协调的空间格局及驱动力: 以浙江为实证［J］. 地理科学, 2015, 35（11）: 1347-1356.

［154］颜波, 刘艳萍, 夏畅. 集中控制型 VMI&TPL 集群式供应链的补货决策和协调契约［J］. 系统工程理论与实践, 2015（8）: 1968-1982.

［155］杨凡, 周朝晖, 杨小华. 协同订单管理平台上 CRM 与 ERP 的集成与实现［J］. 计算机应用, 2007（6）: 428-430.

［156］杨瑾. 大型复杂产品制造业集群供应链绩效评价模式研究［J］. 中国管理科学, 2013, 21（6）: 64-71.

［157］杨瑾. 复杂产品制造业集群供应链系统组织模式研究［J］. 科研管理, 2011（1）: 153-160.

［158］杨静. 虚拟集群背景下商贸流通供应链变革与优化［J］. 商业经济研究, 2020（2）: 23-26.

［159］尹彦，孔庆鑫. 京津冀产业集群与物流系统协同度的实证研究 ［J］. 统计与决策，2020，36 (6)：107-110.

［160］于海瀛，姜明辉，许佩. 基于系统动力学的产业集群对企业绩效的影响机制分析 ［J］. 运筹与管理，2017，26 (9)：166-175.

［161］袁丰，陈雯，宋正娜. 长江三角洲地区制造业集群辨识及空间组织特征 ［J］. 地球信息科学学报，2015，17 (12)：1511-1519.

［162］张翠华，范岩，于海斌，等. 分散决策供应链生产计划协同研究 ［J］. 计算机集成制造系统，2008 (8)：1622-1629.

［163］张翠华，任金玉，于海斌. 供应链协同管理的研究进展 ［J］. 系统工程，2005 (4)：1-6.

［164］张桂涛，孙浩，胡劲松. 考虑库存能力约束的多期闭环供应链网络均衡 ［J］. 管理工程学报，2017，31 (1)：176-184.

［165］张国军. 企业核心竞争力的构建与扩散：一种战略协同的过程 ［J］. 经济管理，2001，23 (20)：26-31.

［166］张浩，崔丽，侯汉坡. 基于协同学的企业战略协同机制的理论内涵 ［J］. 北京工商大学学报 (社会科学版)，2011，26 (1)：69-75.

［167］张浩，杨浩雄，郭金龙. 供应链网络可靠性的多层 Bayes 估计模型 ［J］. 系统科学与数学，2012 (1)：45-52.

［168］张省. 基于序参量的知识链知识协同机制研究 ［J］. 情报理论与实践，2014 (3)：21-24.

［169］张应青，范如国，罗明. 知识分布、衰减程度与产业集群创新模式的内在机制研究 ［J］. 中国管理科学，2018，26 (12)：186-196.

［170］张治栋，王亭亭. 产业集群、城市群及其互动对区域经济增长的影响：以长江经济带城市群为例 ［J］. 城市问题，2019 (1)：

55-62.

[171] 赵广华. 产业集群供应链协同管理体系构建 [J]. 科技进步与对策，2010（9）：53-56.

[172] 赵广华. 论产业集群供应链协同体系的构建 [J]. 中国流通经济，2010, 24（3）：30-33.

[173] 赵国甫. 多商品流三层供应链网络均衡模型构建 [J]. 商业经济研究，2016（8）：112-114.

[174] 周宏根，景旭文. 面向应用服务的集群式供应链协同平台的研究 [J]. 机械设计与制造，2009（11）：253-255.

[175] 周晓晔，付东明，高婧葳. 基于系统动力学的产业集群与城镇化互动发展研究 [J]. 沈阳工业大学学报（社会科学版），2016（1）：47-52.

[176] 周兴建，黎继子，刘春玲，等. Benders 算法下集群式供应链多级订单柔性决策模型 [J]. 系统管理学报，2019, 28（5）：973-982.

[177] 周燕华，霍彬. 科技型企业协同创新模式与创新绩效——基于政府制度调节作用的实证研究 [J]. 企业经济，2017, 36（4）：154-161.

[178] 朱海波，李向阳. 集群式供应链跨链间库存协作模型 [J]. 系统管理学报，2013（1）：74-84.

[179] 朱晓宁，张群，颜瑞，等. 供应链协同产品设计开发模型及策略 [J]. 统计与决策，2014（10）：40-43

[180] 左志平，刘春玲，黎继子. 产业集群供应链生态合作绩效影响因素实证研究 [J]. 科学学与科学技术管理，2015, 36（5）：32-41.

后 记

　　本书是在我主持的国家自然基金项目《制造业集群供应链网络协同机理与模式研究》（71763008）结题报告的基础上修改而成，经过三年多的调查、分析和研究，终于完成了，这是项目组共同努力的结果。从项目申请开始，吴群副教授、谌飞龙教授、张孝锋教授、刘克春教授、李良贤副教授都付出了极大的努力并给予了极大的支持，他们参与了方案讨论、论证，献计献策。在调查研究、资料整理、模型构建、数据分析、报告成文的过程中，吴群副教授以及我的博士生李梦晓、位鹏，硕士生衷励为等都做了大量具体有益的工作，他们不辞辛苦、任劳任怨。因此，本书可以说是我们集体智慧的结晶。

　　本书还借鉴了许多国内外学者的大量研究成果，这些成果都是我们研究的起点和基础。本书能够顺利出版还得到了江西财经大学科研处、江西财经大学工商管理学院、江西财经大学产业集群与企业发展研究中心的大力支持，在此一并表示深深的谢意！

胡宇辰

2020 年 12 月于蛟桥园